초보창업자를 위한

창업이론 및 실무 100가지

김영문

집현재

머리말

아름다운 삶, 사랑 그리고 마무리...

1997년 11월에 한국이 경제부도의 위기로 내몰리면서 수많은 직장인들이 정든 회사를 떠나 길거리로 쏟아져 나왔었는데, 그때에 실직자들을 위해 막연히 무엇인가 도움이 되는 일을 해야 하겠다는 생각을 갖고 금훈섭 (주)이야기 대표, 신순희 (주)모든넷 대표, 하태호 사랑넷 대표 등을 만나서 1998년 8월에 한국소호벤처창업협의회(soho.sarang.net)라는 이름으로 모임을 만들었습니다. 무엇인가 거창한 단체를 만들겠다는 생각보다는 삶의 터전을 잃고 희망을 잃어버린 실직자들에게 조그마한 도움이라도 드리고 싶었습니다,

그 이후 1999년 3월에 계명대학교 대명캠퍼스 시청각실에서 대구광역시 곽영길 당시 주임의 도움을 받아서 「'99 소호창업박람회」를 개최하였는데, 아마도 3,000명 정도는 참가한 것으로 기억이 납니다. 부스 40개를 설치하였고 세미나도 진행하였는데, 그 당시 신일희 계명대학교 총장님을 비롯한 참석한 내빈들이 박람회장에 들어가기도 힘들 정도로 많은 예비창업자들이 참석을 하였습니다. 개회사를 하면서 벤허 영화를 감독한 윌리엄 와일러가 시사회에서 말한 "하느님, 이 영화를 정말 제가 만들었습니까?"를 인용하면서 감격해 했던 생각이 아직도 생생합니다.

1999년 10월에는 중소기업청으로부터 한국소호진흥협회(www.sohokorea.org)로 명칭을 변경하여 사단법인 인가를 받았는데, 그 당시에 신민철 사무관께서 사단법인 인가를 받을 생각이 없느냐고 했을 때에 처음에는 거절했던 생각도 납니다. 사단법인을 만들기 위해서 창업분야의 일을 하였던 것도 아니었고, 굳이 사단법인이 필요하지 않았던 것입니다. 그 이후 한두 번 정도 더 전화를 받고서야 사단법인을 만들어서 일을 해야 하겠다는 생각을 하였습니다. 그때에는 소호(soho)라는 말보다는 벤처(venture)라는 말이 더 인기가 있었기 때문에 소호관련 협회를 운영하는 것이 매우 힘들기도 하였습니다.

2001년에는 뉴비즈니스연구소(www.newbiz.or.kr) 사이트를 뜻을 같이 하시는 분들과 함께 개설하였는데, 그것은 생각하는 창업, 연구하는 창업, 뿌리가 있는 창업의 필요성을 느끼면서, 창업도 조사와 연구를 통해서 발전할 수 있다는 것을 알았기 때문입니다. 다른 사람의 아이템을 베끼거나 대충 시작해서는 절대로 성공창업을 보장받을 수 없기 때문입니다. 개인적으로 볼 때에는 뉴비즈니스연구소(www.newbiz.or.kr) 사이트를 오픈하면서 창업관련 조사 및 연구 활동을 활발하게 진행하였습니다. 물론 뉴비즈니스연구소라는 사이트가 설립 취지에 맞게 성공하였다고는 할 수가 없으나 창업분야에서 조사 및 연구가 얼마나 중요한가를 깨닫게 된 계기가 되었습니다.

2003년도에는 저에게 전혀 예상하지 못한 일이 일어났습니다. 그것은 계명대학교 벤처창업보육사업단의 설립을 위해 일을 하였지만, 설립 후 전혀 사업단의 운영에 참여하지 못해 많은 서러움을 갖고 있었던 저에게 사업단장이라는 직책이 맡겨지게 되었습니다. 제가 그 일을 맡게 될 것이라고는 꿈에도 생각하지 않았기에 혼신의 힘을 다해서 열심히 일을 하였다고 자부합니다.

2003년 2월 1일부터 계명대학교 벤처창업보육사업단(www.kubic.co.kr)의 단장으로 일을 하면서 중소기업청 평가에서 대구경북지역 36개 창업보육센터 중에서 유일하게 6년 연속 최우수 평가를 받았습니다. 2005년에는 정보통신부장관 표창을 받았으며, 그해 전국 최우수 창업보육센터장으로 선정되어 산업자원부장관 표창을 받기도 하였습니다. 이러한 업적들은 함께 수고한 박신제 매니저, 정태용 매니저, 차재민 매니저, 김미영 매니저 등 사업단에 근무하는 모든 분들의 수고 때문이라고 생각하며, 고마움을 전하고자 합니다.

이렇게 창업분야의 일을 하다보니 방송과도 인연이 많았습니다. 1999년에는 TBC 라디오 박원달PD와 인연을 맺으면서 「알기쉬운 경제교실」에 1년 6개월간 출연하였으며, TBC TV의 아침방송에서 이학락PD와 함께 「클릭! 김영문의 인터넷세상」을 6개월간 진행하였으며, KBS 1라디오에서 김지인 부장과 「창업이 보인다」라는 프로그램 꼭지에 4년 이상 고정 출연을 하고 있습니다.

언론활동 중에서 아마 가장 기억에 남은 방송이라면 당시 KBS 9시 뉴스 진행자였던 황현정 아나운서와 서울 여의도에서 소호창업에 대해 2시간 생방송을 했던 것이었습니다. 처음에는 힘들었던 방송이 그 이후에는 너무 쉽게 느껴졌으나 이제는 말 한마디에도 책임감을 느끼는 시간들이 되었습니다. 저의 한마디로 인해 방송을 보고 듣는 분들에게는 알토란 같이 모은 전 재산을 날릴 수도 있다는 것을 알게 되었기 때문입니다.

2004년 4월 20일에는 사랑나눔재단(www.mis.or.kr)을 예수그리스도의 인도하심으로 설립하여 2006년 2월 22일에 대구광역시로부터 사랑나눔회(www.mis.or.kr, 현재 웹사이트는 폐쇄하였으며 cafe.daum.net/isoho2jobs에서 통합 운영하고 있음)로 명칭을 변경하여 비영리민간단체(Non-Profit Organization, NPO)로 인가를 받았습니다. 사랑나눔회는 저의 삶에서 가장 중요한 일 중의 하나이기도 하였으며, 거듭나는 삶의 은사를 받는 계기를 마련해 주었습니다.

사실, 1998년부터 무엇 때문에 제가 창업분야의 일을 하게 되었는가에 대해 가끔 스스로에게 궁금하게 생각을 하였는데, 지금 생각해 보면 사랑나눔회를 위한 준비와 훈련을 시키신 것이었다고 생각됩니다. (사)한국소호진흥협회에서 일을 하면서 프랜차이즈 본사와의 갈등이 너무 많아서 협회의 운영에 대해 좌절과 회의가 많았는데, 사랑나눔회에서 봉사를 하면서 나눔의 즐거움과 기쁨의 시간이 너무 많았습니다. 창업이라는 분야에서도 늘 다른 곳에서 방황하다가 이제야 제가 있어야 하는 곳에 왔다는 생각을 하게 되었습니다.

2005년 9월 1일에는 뉴비즈니스연구소 카페(cafe.daum.net/isoho2jobs)를 개설하였는데, 예비창업자들을 위해 매주 창업행사를 개최하며 창업상담도 해 드리는 기회를 만들어 보기 위함이었고, 아울러 사랑나눔회를 운영하기 위한 복지기금이 필요했기 때문이기도 하였습니다. 카페에서 진행하는 행사에 오시는 모든 분들이 사랑나눔회의 아름답고 따뜻한 후원자라는 것을 생각할 때에 그저 감사한 마음뿐입니다. 그 분들의 참가비는 한 푼의 낭비도 없이 예수그리스도께서 보시기에 부끄러움이 없도록 장애인, 모자가정, 교도소 수용자

등의 소외계층과 국내외의 선교사업을 위해 사용되고 있습니다.

2010년 3월 10일에는 대구경북창업카페연합회(cafe.daum.net/isoho2jobs)를 설립하였는데, 그것은 활동의 범위를 대구경북지역으로 한정하여 창업을 해야 하는 분들에게 소박하게 봉사하기 위함이었습니다. 이를 위해 사단법인 한국소호진흥협회 및 여러 관공서의 각종 위원 등을 모두 정리하였습니다. 남은 삶을 한곳에 헌신하고, 그리고 아름답게 마무리를 하기 위한 마지막 준비라는 생각을 하였습니다.

사실 1998년 8월 이후 창업분야의 일을 하면서 주머니에는 늘 위장약을 갖고 다니면서 복용하였으며, 2003년 5월에 의식을 잃고 택시에 실려 병원에 가기도 하였습니다. 그때에는 식구들도 몰라보게 되었는데, 택시를 타고 병원에 가면서 조금씩 의식을 회복하게 되었습니다.

하지만, 또 다시 2009년 11월 28일 토요일 저녁에 잠을 자다가 뇌출혈로 다시 병원에 가게 되었으며 병원에 도착하자마자 의식을 잃고 뇌수술을 받게 되었습니다. 8일 만에 의식을 다시 찾았으며, 16일간의 중환자실 및 총 27일간의 입원을 통해 겨우 생명을 다시 찾았습니다.

한편, 2011년 3월에는 연구년 기간 중에 창업선도대학 계명대학교 창업지원단의 기술창업육성부장이라는 보직을 발령받았고, 그해 11월 1일에는 창업지원단장의 보직을 발령받아 2013년 1월 31일까지 일을 하였습니다. 오직 예비창업자들만을 생각하면서 정말로 열심히 일을 하였으며, 2011~2012년의 창업선도대학 사업실적 평가에서 전국 18개의 창업선도대학 중에서 1위를 하였습니다. 하지만, 과로 및 스트레스로 인해 2012년 말에 뇌출혈의 후유증으로 인해 두 번이나 쓰러져서 창업지원단장의 직에서 사임을 하고 연구실로 돌아왔습니다. 앞으로 계명대학교에서의 남은 시간들은 교수라는 위치로 온전히 돌아와서 학생들에게는 좋은 강의를 하고, 창업의 모든 분야를 더 깊이 있게 연구하기 위해서 모든 시간을 보내게 될 것입니다.

오랜 시간을 되돌아 가보면, 대학교 3학년 때에 학회장에 출마하면서 선거유세를 위해 강의실을 다니면서 「不義와 타협하지 않겠습니다.」라는 글자를 칠판에 적은 기억이 납니다. 그때의 그 마음이 아직도 그리고 앞으로도 변치 않기를 다짐하면서, 참으로 어지럽고 혼탁한 창업시장에서 아직은 저의 역할이 있음을 생각합니다. 아니, 저를 통해서 이루고자 하는 그분의 뜻을 더 많이 알기를 원하며, 저에게 주신 재능을 통해 더 많은 분들이 창업을 통해 경제적으로 자립하고, 홀로서기를 하고, 아울러 승리했으면 하는 소망이 있습니다.

1998년 이후 창업분야에서 일을 해 오면서 배운 창업이론과 실무지식 그리고 창업현장에서의 경험을 바탕으로 지금까지 18권의 창업관련 책을 출판하였습니다. 이러한 저서들을 집필함에 있어 선후배들의 자료를 참고로 정리하였고, 제가 쓴 글이나 설문조사한 자료들을 추가하면서 저 나름대로의 생각들을 담으려고 노력도 하였습니다.

하지만, 이번 책의 경우에는 창업자들이 알아야 하는 경영실무 중에서 특별히 SNS마케팅을 활용한 상품판매를 중심으로 중요한 실무지식을 담으려고 노력하였으나 창업이나 실무 경력이 부족하다보니 보시기에 많이 미흡하고 때로는 다른 선배 교수님들의 업적을 가로챈 느낌마저 갖게 되어 송구스럽게 생각합니다. 혹시라도 본문 중에 참고문헌이 누락되었다면 절대로 고의가 아니었음을 말씀드리면서 너그럽게 용서를 구하고자 합니다.

책의 서문에 무엇을 담을까 생각하다가 1998년 이후 창업분야에 몸을 담으면서 있었던 일들을 조금 정리해 보았습니다. 여기에 다 담지 못한 이야기들도 있고, 감사의 표시를 제대로 하지 못한 분들도 있습니다. 저를 낳아주시고 미국 유학경비를 보내 주시느라고 고생을 너무 하신 부모님, 그리고 세상에서 저와 소중한 인연을 맺은 가족들에게도 고마움을 전합니다.

그리고 2004년에 사랑나눔회를 시작하면서 나눔과 선교의 사업에 함께 하는 모든 분들에게도 진심으로 고마움을 전하면서, 사랑나눔회가 대를 이어 계속되기를 소망합니다. 사실, 사랑나눔회의 도메인 중에서 MIS는 management information system의 약어로서 당초 제가 근무하는 경영정보학과의 홈페이지로 사용할 계획이었으나, 2004년에 부산창업박람회를 참관하고 오는 길에서 "mis(mission in sharing and humanity services) for glory of the God"가 갑자기 생각났는데 그것은 그분의 인도하심이라고 생각합니다. 지금 생각해 보면, 약 20년 동안 창업분야에서 일을 하게 된 것도, 그리고 이 책을 쓰게 된 것도 모두 사랑나눔회를 통해 나눔과 선교사업에 일을 하신 그분의 뜻이 있었다고 생각합니다.

그리고 살아오면서 때로는 저로 인해 고통을 받았거나 분노한 분들도 많이 있을 것이며, 지면을 빌어 죄송한 말씀과 용서를 구하고자 합니다. 철없던 시절의 잘못된 생각으로 많은 분들에게 심적·육체적 고통을 주었음을 고백하며, 앞으로는 더 많은 분들에게 희망, 꿈, 소망, 그리고 행복을 드릴 수 있도록 남은 삶을 바치고자 합니다.

끝으로, 본 저서의 내용과 관련하여 몇 가지를 알려 드리고자 하며,

성공 창업에 조금이라도 도움이 되었으면 합니다.

1. [초보창업자를 위한 창업이론 및 실무 100가지]를 적어도 2~3번을 읽으면서, 네이버(Naver), 네이트(Nate), 다음(Daum) 등과 같은 포털사이트에서 관련 자료를 추가로 검색하여 최근 법률적으로 수정 및 개정이 된 사항을 확인해 보는 것이 필요합니다.
2. 저서에 수록되어 있는 많은 내용에 대해서는 동영상(UCC) 강좌로 제작하여 YouTube의 김영문_travel_and_sbiz 채널(www.youtube.com/user/newbiz2001/videos)에 등록하였는데, 일부 동영상(UCC) 강좌는 저서에 있는 제목과는 약간 차이가 있을 수 있기 때문에 키워드(key word)로 검색하는 것이 필요합니다.
3. 저서의 내용에 관해서 질문이 있거나 도움이 필요하시면 맛따라✡길따라✡창업 밴드(band.us/band/70870679)를 활용해 주십시오. 최대한 그리고 적극적으로 도움을 드릴 것입니다.
4. 본 저서에 수록되어 있는 [초보창업자를 위한 창업이론 및 실무 100가지]를 어떻게 활용하여 창업기업의 홍보, 광고 및 매출을 지속적으로 향상시킬 것인가에 대해서 끊임없이 생각하는 것이 필요합니다.

2022년 5월에

김영문 드림

차례

1. 유튜브에 등록되어 있는 창업동영상(UCC) 듣기

2007년 11월부터 필자가 하고 있는 일은 다양한 창업이론, 창업실무, 창업아이템, 창업성공사례 등을 동영상(UCC)으로 직접 제작하는 것이며, 지금까지 만든 모든 창업관련 동영상(UCC)들은 유튜브(www.youtube.com/user/newbiz2001/videos)에서 검색하여 들으면서 성공하는 창업을 준비할 수 있도록 하고 있다. 이를 위해서는 필자가 운영하고 있는 유튜브 채널(김영문_travel_and_sbiz)에서 '창업' 혹은 본 저서에 있는 내용과 관련된 검색어(혹은 키워드)를 [그림 1]에 표시되어 있는 곳에서 입력한 후에 검색하면 필자가 직접 만든 다양한 창업관련 동영상을 듣고 공부할 수 있다.

[그림 1] 유튜브에서 창업강좌 검색하기

창업동영상(UCC)을 잘 보면 어떤 것들은 1분도 되지 않는 것들도 많이 있어 실망할 수도 있지만, 한 번 더 자세하게 살펴보면 추가적으로 다양한 창업아이템에 대한 웹 사이트 주소와 전화번호가 포함되어 있다는 것을 알 수 있다. 다만, 어떤 창업동영상(UCC)들의 경우에는 관련 법률 혹은 시행령 등이 조금 변경되었거나 동영상을 제작한 시기가 오래된 경우로 인해서 지금과는 약간 달라진 것이 있기 때문에 네이버(Naver), 네이트(Nate), 다음(Daum) 등과 같은 포털 사이트에서 추가적으로 검색하여 보다 최근의 현황을 확인하는 것이 필요할 것이다.

☞ **[참고]** [그림 1]에서 설명하였듯이 필자가 오랜 기간 동안 직접 제작하여 유튜브에 등록한 동영상(UCC)들은 너무도 많기 때문에 여러 가지의 검색어를 입력한 후에 검색해 보면, 초보 창업자들이 알아야 하는 창업이론 및 실무는 대부분 제작되어 있다는 것을 알 수 있을 것이다.

2. 창업의 규모와 사업의 형태 결정

창업에 있어서 사업규모 혹은 창업규모라는 것은 결국 자금과 관련된 사항이라고 할 수 있다. 사업의 규모가 크면 클수록 많은 자금과 인력이 필요하게 되는데, 창업의 초기단계에서부터 무리하게 사업의 규모를 확장하는 것은 매우 위험한 일이라고 할 수 있다. 특히 경기전망이 불확실한 상황일수록 사업의 규모는 경제적으로 가져가야 하며, 최대한으로 고정비의 지출을 줄이도록 하는 것이 필요하다는 것이다. 일반적으로 사업규모를 결정함에 있어서 고려해야 할 사항들은 다음과 같다.

① 창업하고자 하는 업종이 고려되어야 한다. 즉, 창업하고자 하는 업종에 따라 사업의 규모가 결정될 수 있다는 것이다.
② 취급하고자 하는 제품과 상품을 고려해야 한다.
③ 경쟁자의 사업규모를 고려해야 한다.
④ 자금조달능력의 정도를 고려해야 한다.
⑤ 금융지원 등 각종 정부 지원제도의 선정 가능성을 고려해야 한다. 사실, 정부에서는 창업자들을 위해 각종 지원을 하고 있는데, 창업준비단계에서부터 어떤 정부지원이 가능한지를 조사해 보는 것이 좋다.

⑥ 본인의 경영능력을 고려해야 한다. 사실 창업을 처음 하는 경우에는 눈사람을 만들 듯이 작게 시작해서 차츰 규모를 키워 가는 것이 위험관리 측면에서 보면 더 유리할 수 있다는 것이다.

한편, 위에서 언급한 고려사항을 토대로 예비창업자들이 고려할 수 있는 사업의 형태는 대체로 다음과 같이 생각할 수 있다.

(1) 독립점포를 이용한 창업

창업자가 하나 혹은 그 이상의 점포를 직접 구입 혹은 임대하여 창업을 하는 경우를 말한다. 독립점포를 이용하여 창업을 하는 경우에는 업종 및 입지선정, 원재료(혹은 식자재)의 매입, 기타 인력채용 등을 모두 창업자가 부담해야 한다. 사실, 창업에 경험이 있거나 충분히 준비를 한 경우에는 본인이 원하는 형태로 할 수 있다는 장점이 있으나, 초보창업자의 경우 독립점포를 이용한 창업은 위험이 따르는 방식이라고 할 수 있다.

요즈음은 독립점포로 성공한 후에 프랜차이즈 형태로 전환하려는 경우가 많은 것이 사실이다. 하지만, 개인이 하나의 점포로 성공했다고 해서 프랜차이즈로 성공한다는 보장도 없다는 것이다. 즉, 개인이 독립점포로 창업을 했을 경우에는 개인 혹은 창업자의 능력에 의해 성패가 좌우되지만, 프랜차이즈의 경우는 본사 대표자의 능력보다는 프랜차이즈 시스템 자체에 의해 성패가 좌우된다는 것이다. 따라서, 프랜차이즈로 전환할 때에는 충분한 준비와 전문가들의 멘토링이 필요하다.

(2) 프랜차이즈 가맹점 창업

프랜차이즈 본사에서 창업에 대한 제반 사항을 지원 받아서 창업을 하는 경우를 말하는데, 초보자의 경우에 유리한 창업형태라고 할 수 있다. 하지만, 본사가 부실하거나 계약 시에 유의하지 않으면 본사에 일방적으로 끌려가게 되는 경우가 많다.

또한 프랜차이즈 본사 창업 후에 5년 이상 수익을 내면서 존속되는 본사가 5~10%도 되지 않는다는 것을 감안하면, 본사만 믿고 창업해서는 안 된다. 즉, 본사는 항상 도산할 수 있고, 그러한 상황이 닥쳤을 때에 가맹점 자체가 생존할 수 있는가를 생각해 두어야 한다. 이것은 경영 노하우 및 비법 전수, 업종전환, 새로운 상품 및 서비스의 개발 등으로 계속 존속할 수 있다는 것이다. 어떻게 보면, 요즈음 국내 프랜차이즈 본사들의 상황에 너무 어려워서 프랜차이즈 형태의 창업을 권하기도 어려운 실정이다. 그렇기 때문에 언론에서 기사를 자주 접했다고 해서 혹은 신문광고를 자주 봤다고 해서 좋은 본사라고 생각해서는 안 된다는 것이다.

현재 국내에서는 프랜차이즈 본사에 대한 인증제 혹은 보험제도가 도입되어 있지 않기 때문에 본사와의 계약 시에 특히 유의해야 한다. 예를 들어, 현재 전자상거래 혹은 인터넷쇼핑몰 분야에서는 SGI서울보증(www.sgic.co.kr)에서 쇼핑몰 보증보험 상품을 판매하고 있어서, 보증보험에 가입한 쇼핑몰의 경우에는 고객이 안심하고 상품을 구매할 수가 있다. 마찬가지로 향후에는 프랜차이즈 가맹점에 대한 피해보상을 위한 보증보험도 개발되어야 할 것으로 사료된다.

(3) 무점포 재택창업

요즈음은 점포도 없이 집에서 창업을 할 수 있는데, 소호창업(SOHO)의 일종이라고도 할 수 있다. SOHO는 Small Office Home Office의 약어인데, 현재 국내에는 중소기업청에서 인가한 사단법인 한국소호진흥협회가 있다. 무점포 재택창업의 경우에는 장애인, 모자가정 등 외부활동이 쉽지 않는 예비창업자들이 도전하면 좋으며, 창업비용 및 리스크 등에서 많은 장점이 있다. 하지만, 수익성은 상대적으로 떨어지는 단점이 있기 때문에 투잡스(two jobs) 형태로 진행하는 것이 좋다. 또한 무점포 재택창업은 본격적인 창업을 하기 전에 일종의 예행연습의 단계로서 활용하는 것도 좋을 것이다.

(4) 온라인창업

온라인(on-line)창업은 말 그대로 인터넷이라는 사이버 공간에서 창업을 하는 것인데, 인터넷쇼핑몰 혹은 전자상거래가 대표적인 아이템이라고 할 수 있다. 온라인창업은 점포를 기반으로 하는 온라인창업과 무점포 재택형태의 온라인창업으로 구분할 수 있을 것이다. 몇 년 전에는 인터넷쇼핑몰과 같은 온라인창업이 상당한 인기가 있었으나, 월 10만원도 벌지 못하는 온라인 창업자들이 대부분이라는 것을 고려할 필요가 있다.

(5) 숍인숍(더부살이)창업

숍인숍(Shop In Shop)은 점포 안의 또 다른 점포라는 의미인데, 다른 사람의 점포 안의 공간을 이용하여 창업을 하는 경우를 말한다. 숍인숍은 더부살이 창업이라고도 하지만, 엄격하게 구분되기도 한다. 예를 들어, 대형식당 내에 아이스크림 코너를 운영할 수 있으며, 남성 의류 매장 내에 화장품 코너 등을 설치할 수 있다. 사실, 자판기 창업도 대부분 다른 사람의 점포 내부 혹은 외부에 설치하여 운영하기 때문에 숍인숍 창업의 일종이라고 할 수 있다.

(6) 이동형(게릴라형)창업

이동형 혹은 게릴라형 창업은 말 그대로 한 장소에서 창업을 하는 것이 아니고, 고객이 있는 곳을 이동하면서 판매를 하는 형태를 말한다. 길거리 창업이라고 하는데, 문제는 불법일 수 있다는 단점이 있다. 그럼에도 불구하고 이동형 창업은 점포가 필요 없기 때문에 제반 비용이 매우 저렴하며, 고객이 많은 곳으로 옮겨 다니면서 창업을 할 수 있다는 장점도 있다. 요즈음은 다양한 형태로 이동형 창업을 지원하는 프랜차이즈 본사들도 많이 생겨나고 있는데, 아래와 같이 3가지의 종류가 있다.

① 숍인숍형 길거리창업: 다른 점포 밖에 가설 매장을 설치하여 창업하는 것을 말하는데, 수익금의 일정 비율을 점포주와 분배한다.

② 고정형 길거리창업: 독립된 장소에서 이동하지 않고 창업하는 형태를 말한다.

③ 이동형 길거리창업: 차량을 이용하거나 이동하면서 창업하는 형태를 말한다.

☞ [YouTube 채널: 김영문_travel_and_sbiz]

본 내용과 관련하여 유튜브(YouTube)에 등록되어 있는 동영상 강좌는 다음과 같다.

① 창업규모와 형태의 결정

② 창업의 종류

3. 성공창업을 할 수 없는 유형 10가지

1998년부터 창업분야에서 일을 하면서 수많은 예비창업자들을 만났는데, 변하지 않은 것이 있다면 그것은 바로 돈을 벌고 싶다는 생각만 있다는 것이다. 하지만, 돈을 벌기 위한 준비를 제대로 하지 않는다는 것이다. 특히 예비창업자들은 아래의 10가지 중에서 몇 가지를 정말로 열심히 준비하고 있는가를 점검해 볼 필요가 있다.

(1) 유형 1: 창업책 한 권도 읽지 않는 사람

창업을 하겠다고 생각을 하였다면, 먼저 창업이론과 실무지식을 갖추는 것이 중요하다. 그러기 위해서는 창업책 1~2권 정도는 구입하여 적어도 2~3번 읽으면서 관심있는 창업분야에 필요한 이론과 실무지식을 정리하는 것이 필요하다.

(2) 유형 2: 하루에 1시간 이상 창업정보와 창업기사를 읽지 않는 사람

아직도 신문기사 혹은 광고만을 보고 창업행사에 참석하는 사람이 많은데, 이러한 사람들의 대부분은 평소에 창업관련 기사를 별로 읽지 않거나 창업정보의 검색 등을 거의 하지 않는다는 것이다. 창업 준비는 매일 해야 하는 것이며, 고시공부를 하듯이 해야 하는 것이다.

(3) 유형 3: 무료 창업행사만 쫓아다니는 사람

현재 무료로 진행하고 있는 창업행사들을 보면 대부분 초보적인 이론수준의 행사들이거나 3~4시간으로 진행되는 형식적인 행사들이 많다는 것이다. 그러한 행사에만 참석하는 사람들을 보면 교재를 무료로 제공하지 않으면 구입조차도 꺼린다는 것이다. 무료는 무료일 뿐이고 싼 것은 싸구려일 뿐이라는 것을 생각하면 좋겠다.

(4) 유형 4: 창업상담과 컨설팅도 공짜로 받겠다는 사람

소위 말하는 창업전문가에게 몇 마디 물어보거나 잠깐 만나서 창업에 대한 조언을 받겠다는 것은 곤란하다는 것인데, 그렇게 해서는 제대로 컨설팅을 받을 수 없다는 것이다. 자신이 중병에 걸렸거나 큰 소송을 해야 한다면 무료 혹은 싸구려 의사 혹은 변호사를 찾아가지 않을 것이다. 창업상담도 마찬가지인데, 최고의 전문가에게 제대로 돈을 주고 컨설팅을 받아야 최고의 창업이 가능할 것이다.

(5) 유형 5: 창업커뮤니티의 활동을 하지 않는 사람

창업을 준비함에 있어서는 먼저 창업한 사람들의 경험과 노하우를 벤치마킹하는 것이 중요하다고 할 수 있는데, 그렇게 하기 위해서는 다양한 창업단체 혹은 커뮤니티(창업카페)에 가입해서 활동하는 것이 필요하다는 것이다.

(6) 유형 6: 자신의 웹사이트를 운영하지 않는 사람

요즈음 휴대폰이나 이메일 주소가 없는 사람이 없듯이, 이제는 사이버 공간에 자신의 사이트를 갖는 시대가 되었다는 것이다. 하지만, 대부분의 예비창업자들은 다른 사람의 사이트를 접속하는 데에만 만족하고 있는 실정이다. 자신이 관심있는 분야의 웹사이트 혹은 카페를 만들어서 운영을 해 보면 의외로 다양한 사람들을 만날 수 있으며, 많은 정보들을 접하게 된다.

(7) 유형 7: 전화 한통으로 모든 것을 해결하려는 사람

인터넷으로 필요한 정보를 검색하면 되는데, 그저 전화 한통으로 본인이 원하는 것들을 해결하려는 경우에는 너무 편리함만 추구하는 경우라고 할 수 있다. 전화보다는 컴퓨터와 인터넷을 가까이 하고, 손과 발을 부지런히 움직여서 현장을 찾아다니면서 벤치마킹을 하는 노력과 정성이 필요하다.

(8) 유형 8: 창업행사에서 엉뚱한 것에 관심을 갖는 사람

창업박람회, 전시회 등에서 개별 아이템에 대해 상담을 하거나 본인이 궁금한 사항에 대해서 알아보기보다는 공짜로 주는 시식회, 무료상품 혹은 사은품에 더 많은 관심을 갖는 사람들이 많다. 행사 현장에서 궁금한 사항을 충분히 물어보고, 나중에 창업 현장을 방문하여 직접 확인해 보는 일에 더 충실해야 한다.

(9) 유형 9: 컴퓨터와 인터넷 지식이 부족한 사람

모든 창업분야에서 컴퓨터와 인터넷의 활용은 필수적이라고 할 수 있는데, 생산성 향상과 경쟁력 강화를 위한 전략적 도구라는 것이다.

따라서 자신이 뛰어들고자 하는 창업분야에서 컴퓨터와 인터넷을 어떻게 활용할 것인가를 생각해 보는 것이 중요하다는 것인데, 선택의 문제가 아니라 무조건 그리고 필수적으로 배워야 하는 것이다.

(10) 유형 10: 부정적인 생각이 많은 사람

창업에 대해서 보고 들은 것은 많지만, 제대로 아는 것이 없는 탓에 어떤 아이템을 제안해도 쉽게 받아들이지 못하는 사람들이 많다. 자신이 정답을 가지고 있다고 생각해서 오히려 창업전문가를 설득하려는 사람들이 있는데, 매사에 부정적이다 보니 아무 것도 시작하지 못한다는 것이다.

☞ [YouTube 채널: 김영문_travel_and_sbiz]
본 내용과 관련하여 유튜브(YouTube)에 등록되어 있는 동영상 강좌는 다음과 같다.

① 이런 사람, 창업하지마라(1)
② 이런 사람, 창업하지마라(2)
③ 예비창업자에게 묻는 10가지 질문
④ 창업의 성공전략 10가지
⑤ 창업하려면, 이렇게는 하지마라

4. 창업으로 성공하기 위해 꼭 필요한 6가지

최근 창업에 관심을 갖고 준비하는 사람들이 크게 증가하고 있는 실정이지만, 창업을 하는 것은 쉽지만 창업으로 성공하는 것은 너무 어려운 것도 사실이다. 이에 창업으로 성공하기 위해 반드시 준비해야 하는 몇 가지 사항을 제시하고자 한다. 아직도 많은 예비창업자들은 오직 유망한 창업아이템만을 찾기 위해 노력하고 있는데, 아무리 좋은 창업아이템을 찾았다고 하더라도 아래에서 제시하는 6가지 사항이 제대로 준비되어 있지 않으면 결코 성공적인 창업을 할 수 없다는 것을 생각해야 한다.

(1) 창업이론 및 창업실무를 제대로 갖추어야 하는데, 이것은 창업하고자 하는 분야 혹은 창업아이템에 따라 달라진다. 예를 들어, 외식창업 혹은 인터넷쇼핑몰 창업을 준비하는가에 따라 사전에 갖추어야 할 창업이론 및 창업실무는 완전히 다르다는 것이다. 따라서, 다양한 창업서적, 창업관련 언론보도 자료, 창업교육 및 성공적인 창업현장 탐방 등을 통하여 창업하고자 하는 분야에서 필요로 하는 창업이론 및 창업실무를 경쟁력이 있게 준비해야 할 것이다.

또한, 로앤비(www.lawnb.com)에 접속하여 창업하고자 하는 분야에서 알아야 하는 법률을 검색하여 자세하게 살펴보아야 할 것이다. 예를 들어, 인터넷쇼핑몰 혹은 옥션, G마켓 등의 전자상거래 사이트에서 창업을 하기 위해서는 로앤비에서 "전자상거래 등에서의 소비자보호에 관한 법률"을 검색하여 꼼꼼하게 읽어보는 것이 필요할 것이다.

(2) 홍보와 광고 전략을 수립해야 하는데, 온라인(on-line)과 오프라인(off-line)으로 구분하여 계획을 수립해야 한다. 특히 온라인에서는 다음(Daum), 네이버(Naver) 등과 같은 포털사이트에서의 키워드 광고뿐만 아니라 홈페이지, 카페(cafe), 블로그(blog), 페이스북(facebook) 등의 다양한 웹사이트들을 활용한 홍보도 매우 중요한데, 적어도 5~10개 정도의 웹사이트들을 연계하여 운영하는 것이 필요하다. 많은 사람들이 접속하는 포털 등 주요 사이트에 적어도 하나의 웹사이트들을 개설하여 운영하는 것도 생각할 수 있다.

(3) 현재의 경쟁기업 및 잠재적 경쟁자에 대한 정보를 지속적으로 수집하고, 성공한 창업사례들을 꾸준히 벤치마킹(benchmarking)을 해야 한다. 창업아이템을 확정하기 전에 그리고 창업 후에 반드시 해야 하는 일이 바로 경쟁정보를 수집하고 관리하는 것인데, 혼자 독점적으로 할 수 있는 창업아이템은 없기 때문이다.

이에 따라 먼저 경쟁기업들이 어떤 사업을 어떻게 진행하고 있는가에 대한 정보를 체계적으로 수집하여 경쟁적 우위를 점할 수 있도록 노력해야 하며, 동종 분야 혹은 아이템으로 성공한 창업사례를 벤치마킹하여 성공한 경험과 노하우들을 배우는 것을 게을리하지 말아야 한다. 특히 초보창업자들의 경우에는 벤치마킹만으로도 창업과정상에서 겪을 수 있는 각종 오류 혹은 문제들을 크게 줄일 수 있다.

(4) 창업관련 종사자 및 전문가들과의 지속적인 멘토링(mentoring)

을 통해 창업 준비과정에서부터 시행착오를 줄이는 노력이 필요하다. 예를 들어, 변호사, 변리사, 세무사 혹은 공인회계사, 그 외에도 창업 관련 업무를 담당하는 공무원, 창업관련 기사를 담당하는 기자들과의 인맥을 효과적으로 활용하여 창업자의 부족한 부분들을 보완할 수 있다.

(5) 창업을 지원하는 정부 및 민간기관, 다양한 창업자금에 대한 정보를 수집하고 적극적으로 활용해야 한다. 창업자금을 지원하는 주요 기관으로는 중소벤처기업부(중소기업청), 중소기업진흥공단, 기술보증기금, 신용보증기금, 신용보증재단, 소상공인시장진흥공단(소상공인지원센터), 한국여성경제인협회, 근로복지공단, 한국장애인고용촉진공단 등이 있는데, 먼저 창업자금을 지원하는 기관들의 홈페이지들을 조사하여 일주일에 한 번 정도는 접속하는 것이 필요하다. 또 각 기관별로 요구하는 서류들도 확인한 후에 미리 준비를 하는 것이 필요한데, 특히 사업계획서를 수익성, 성장성 및 수출가능성 등의 측면에서 설득력이 있게 작성하는 것이 중요하다. 사업계획서를 심사하고 무상 창업자금을 지원하는 기관들에서 본다면, 정말로 수익을 낼 수 있는 사업인가, 지속적으로 성장할 수 있는가 그리고 장기적으로 수출도 가능한가에 대해 꼼꼼하게 확인한다는 것을 고려해야 한다.

(6) 다양한 종류의 웹사이트를 개설하여 직접 운영하는 것이 필요하며, 다음과 같은 웹사이트들을 적극 추천한다.

① 다음(Daum) 및 네이버(Naver)에서 카페(Cafe)를 개설하여 운영한다.

② 다음(Daum), 네이버(Naver), 구글(Google), 이글루스(Egloos), 고

도(Godo), 에이블뉴스(www.ablenews.co.kr) 등에서 블로그(blog)를 개설하여 운영한다.

③ 트위터(www.twitter.com), 페이스북(www.facebook.com), 미투데이(www.me2day.net), 한국어트위터(www.twtkr.com) 등의 SNS(Social Network Service)를 개설하여 운영한다. 페이스북의 경우에는 개인 프로필보다는 페이스북 페이지 혹은 그룹을 개설하여 운영하는 것이 좋다.

결론적으로, 창업은 좋은 아이템만으로는 결코 성공할 수가 없으며, 위에서 설명한 6가지 요소들에 대한 체계적인 준비가 매우 중요하다. 이러한 준비는 단기간에 가능하지 않으며, 적어도 3개월에서 6개월 정도의 시간을 갖고 준비하는 것이 필요하다.

☞ [YouTube 채널: 김영문_travel_and_sbiz]
본 내용과 관련하여 유튜브(YouTube)에 등록되어 있는 [성공창업을 위한 3가지 준비사항] 동영상을 검색하여 들어보세요.

5. 창업자가 명심해야 할 안나 카레니나의 법칙

어쩌면 매우 간단하면서도 단순한 내용이지만, 안나 카레니나의 법칙(Anna Karenina principle)은 창업자에게 의미하는 점이 크다. 창업자의 간단한 실수, 오류 혹은 준비부족이 결국 창업성공과 실패를 결정하는 요소가 될 수 있기 때문이다.

(1) 안나 카레니나의 법칙이란?

"행복한 가정은 모두 엇비슷하고 불행한 가정은 불행한 이유가 제각기 다르다." 이것은 톨스토이의 소설 '안나 카레니나'의 첫 구절이다. 되는 집안은 근심 없고 건강하며 화목한 게 다들 비슷하지만, 안 되는 집구석은 문제가 애정이든 금전이든 자녀든 천차만별의 이유로 불행해진다는 얘기다.

한편, 진화생물학자 재레드 다이아몬드(Jared Mason Diamond)는 이 정의를 좀 더 진화시킨다. "흔히 성공의 이유를 한 가지 요소에서 찾으려 하지만 실제 어떤 일에서 성공을 거두려면 수많은 실패 원인을 피할 수 있어야 한다"는 것인데, 이것이 이른바 '안나 카레니나의 법칙'이다.

(2) 창업자의 입장에서 생각해야 할 점

아직도 많은 창업자들은 좋은 창업아이템 하나만 찾으면 크게 성공할 수 있을 것이라고 생각하는데, 10개 중에서 8~9개가 완전하게 준비되었다고 하더라도 1~2가지의 부족한 요소 때문에 창업에 실패를 할 수 있다는 것을 '안나 카레니나의 법칙'에서 배울 수 있다.

예를 들어, 창업에 성공하기 위한 5가지 요소는 다음과 같이 설명될 수 있다. 비록 아래의 요소 중에서 4가지를 완벽하게 갖추었다고 하더라도, 부족한 1가지로 인해 결국 실패를 할 수 있다는 것이다.

① 창업자: 창업이론과 실무를 갖춘 준비된 창업자인가?
② 기술 혹은 아이디어: 경쟁기업에 비해 차별적인 기술 혹은 아이디어가 있는가?
③ 시장: 뛰어들고자 하는 시장의 현재와 미래의 흐름과 규모를 제대로 파악하고 있는가?
④ 자금: 현재와 미래의 관점에서 자금은 충분히 준비되어 있는가?
⑤ 홍보와 마케팅: 홍보와 마케팅에 대한 계획과 전략이 제대로 수립되어 있는가?

그렇기 때문에, 예비창업자들은 조급한 마음보다는 충분히 준비한 후에 창업을 하겠다는 마음이 필요하다고 생각된다. 사실, 창업을 하기 위해서 3개월 정도의 시간은 부족한 것이 사실이며, 적어도 3~6개월 정도를 고시공부를 하듯이 준비할 필요가 있다는 것이다. 하루에 2시간 정도를 창업 준비에 쏟는다면 적어도 1년 이상을 준비하는 것이 바람직할 것이다. 사실, 위에서 언급한 5가지의 요소에 대해 제대로 준비를 하려고 시작해 보면, 너무나 많은 것들이 부족함을 알게 되며, 아울러 너무나 많은 것들이 필요함을 알게 된다. 지금까지 무엇을 하였던가를 생각하지 말고, 백지에서 처음부터 다시 시작한다는 마음가짐이 중요하며 결코 손과 발을 아끼지 말아야 할 것이다.

☞ [YouTube 채널: 김영문_travel_and_sbiz]
본 내용과 관련하여 유튜브(YouTube)에 등록되어 있는 [안나카레니나의 법칙과 창업] 동영상을 검색하여 들어보세요.

6. 창업자가 갖추어야 할 10가지 자질

누구나 창업을 할 수 있는 것은 아니다. 즉, 창업자로서 자질이 있는 사람과 없는 사람이 구분된다는 것이다. 따라서 창업자가 바움백(C. M. Baumback)이 제시한 다음과 같이 10가지의 자질을 갖추고 있는가에 대해 스스로 평가해 볼 필요가 있다.

① 성격 및 열의(personality and enthusiasm): 열정과 영감의 방식을 다른 사람에게 전염시키는 능력이 있는 사람이 되어야 한다.

② 비판 수용도(acceptance of criticism): 비판의 수용도가 높은 사람은 어떤 도움을 줄 수 있는 건설적인 것을 환영한다. 또한 좋은 소스를 배우길 열망한다.

③ 학습능력(ability to learn): 학습능력이 뛰어난 사람은 쉽게 아이디어나 방법을 포착한다. 상황을 분석하고 변화에 주의를 게을리하지 않는 성질이 있다.

④ 근면성(industry): 근면성을 가진 창업자는 최대 효율의 비즈니스를 유지할 필요가 있을 때는 자나깨나 일하지만 그렇지 않은 창업자는 시간과 노력을 최소한으로 투자하고 작업 외의 책임을 회피하는 특성이 있다.

⑤ 진취성(initiative): 창업자의 자질 중 진취성의 특징은 재치가 있고, 창의력이 풍부하며, 독립성이 강한 창업자이다. 도움 없이

어려운 일을 스스로 해결할 수 있다. 좋은 아이디어를 가지고 행동을 취한다.

⑥ 결단력(decision): 창업자는 중요한 순간에 결단력을 발휘해야 하는데 결단력이 있는 창업자는 즉각적이며 용감하지만 무모하지는 않다.

⑦ 책임감(responsibility): 창업자는 자신이 스스로 책임을 찾고 기꺼이 받아들여야 한다. 창업자질이 부족한 창업자는 언제든지 책임을 회피하려 한다.

⑧ 인내력(perseverance): 창업자는 인내력, 즉 끈기가 있어야 하는데 이를 갖춘 창업자는 확고한 목적을 가지고 쉽게 실망하지 않는다.

⑨ 계획능력(planning ability): 창업자는 훌륭한 조직자이다. 일을 계획하는 데에 선견지명이 있어야 하며, 조직적으로 일을 계획하는 능력이 필요하다.

⑩ 리더십(leadership): 창업자는 모든 종업원으로부터 우수한 능력을 획득하여야 한다. 스스로 회사에 대해 충성을 생기게 한다. 권한을 위임할 수 있다.

☞ **[참고]** 위의 10가지 항목에 대해서 각 항목별로 0~10점으로 평가를 한 후에 10개 항목에 대한 합산을 해 보면 그것이 창업자로서의 자신에 대한 평가점수가 될 수 있다. 또한 어느 항목에 부족한지를 스스로 점검하고 교육과 훈련을 통해 창업자로서의 자질을 높일 수 있도록 하는 것이 중요하다. 단순히 월급을 주고 사람을 채용하면 된다는 것은 매우 위험한 생각이다.

☞ [YouTube 채널: 김영문_travel_and_sbiz]

본 내용과 관련하여 유튜브(YouTube)에 등록되어 있는 동영상 강좌는 다음과 같다.

① 창업자가 갖추어야 할 10가지 자질

② 법률적인 측면에서 창업이 아닌 경우

③ 성공하는 창업을 위해 꼭 준비해야 하는 것 10가지(1)

④ 성공하는 창업을 위해 꼭 준비해야 하는 것 10가지(2)

7. 창업의 계획단계에서 고민해야 할 사항

많은 예비창업자들이 창업의 계획단계에서 생각하는 것은 바로 아이템이다. 즉, 유망한 창업아이템만 찾으면, 신속하게 창업을 해서 많은 돈을 벌 수 있을 것이라고 생각한다. 그래서 수많은 예비창업자들이 창업박람회, 창업설명회, 창업교육 등을 찾아다니면서 끊임없이 고민하는 것 중의 하나가 바로 "뭐 좋은 아이템 하나 없나?"하는 것이다.

하지만, 〈표 1〉를 살펴보면, 아이템은 '판매전략' 중에서 누구에게 무엇을 팔 것인가에 해당하는 작은 하나일 뿐이라는 것이다. 즉, 아이템의 중요성은 창업성공에 영향을 미치는 수많은 요인 중의 하나일 뿐이라는 것을 생각해야 한다는 것이다.

그렇기 때문에 창업을 생각하고 있는 예비창업자들은 창업 전에 당연히 사업계획서를 작성해야 하지만, 그것보다 〈표 1〉에 있는 사항부터 점검해 보는 것이 필요할 것이다. 그러다 보면, 어떤 사항들은 이미 준비가 되어 있고, 다른 많은 사항들에 대해서는 준비가 턱없이 부족하다는 것을 알 수 있다. 그냥 생각만 하지 말고, 백지와 필기구를 준비해서 하나씩 정리해 보는 것이 필요함을 생각해야 한다.

특히 〈표 1〉 중에서 전문지식이 부족한 사항이 있으며, 전문서적을 구입하거나 인터넷 검색을 통해 지식을 습득하는 것이 필요할 것인데, 때가 되면 하루 세끼를 식사를 하듯이 매일 창업준비를 해야 한다

〈표 1〉 창업의 계획단계에서 생각해야 할 사항

항 목	세부적으로 생각해야 할 일
1. 개업 예정일	• 개업 예정일을 설정한다.
2. 자금계획	• 목표를 세우고 창업자금을 마련한다. • 자기자금은 얼마나 만들 수 있는가? • 차입금, 출자금은 얼마나 확보할 수 있는가?
3. 보증인	• 보증인 확보를 위한 준비를 한다.
4. 판매전략	• 누구에게 무엇(아이템: 상품, 서비스)을 팔 것인가? • 어떤 방법으로 팔 것인가? • 점포, 사무실은 어떻게 마련할 것인가? • 어디에서 개업하는 것이 좋은가? • 어떤 가격과 조건으로 팔 것인가?
5. 제조	• 무엇을 제조하고 무엇을 외주로 줄 것인가? • 어떤 공장이나 설비로 제조할 것인가? • 누가 얼마나 제조할 것인가?
6. 종업원	• 종업원 예상 인원수 및 동원방법을 고려한다. • 아르바이트를 활용하는 방법을 배운다.
7. 사업전략	• 개인사업 혹은 법인사업의 선택 및 사업자등록을 한다. • 법인의 경우에 설립등록 준비 및 절차를 알아본다.
8. 은행거래	• 은행거래, 수표, 어음 등에 대한 공부를 한다.
9. 세금	• 세금의 종류와 납부기간에 대해 공부한다. • 장부의 종류와 기장방법에 대해 공부한다.

자료원: 경기지방중소기업청의 자료를 토대로 필자가 보완하였음

는 것도 잊지 말아야 한다.

☞ [YouTube 채널: 김영문_travel_and_sbiz]

본 내용과 관련하여 유튜브(YouTube)에 등록되어 있는 [창업 계획단계에서 생각할 사항] 동영상을 검색하여 들어보세요.

8. 창업의 육하원칙(five W's and one H)

언론기사를 작성할 때의 육하원칙(five W's and one H)은 창업을 위한 핵심성공요인(CSF: Critical Success Factors)이라고 할 수 있다. 따라서 창업을 준비하고 있는 예비창업자들은 다음의 6가지를 깊이 생각하고 또한 세부적으로 준비해야 한다.

(1) **누가(who)**: 누가 창업을 하는가 하는 것인데, 쉽게 말하면 창업자가 어떤 사람이냐 하는 것이다. 즉, 창업자가 어떤 자질과 능력을 갖추고 있는가 하는 것이 매우 중요하다는 것인데, 창업하고자 하는 분야에서 필요한 창업이론과 실무지식을 갖추어야 한다.

(2) **언제(when)**: 언제는 바로 창업의 시기 혹은 타이밍이라고 할 수 있다. 창업아이템에도 창업의 시기가 있으며, 시장진입이 너무 빨라도 혹은 너무 늦어도 낭패를 볼 수 있다는 것이다. 창업을 할 때에는 계절적인 요인도 고려해야 하며, 제품의 수명주기(product life cycle)를 고려하여 창업의 시기를 조절해야 한다.

(3) **어디서(where)**: 어디서라는 것은 창업의 장소(입지)라고 할 수 있는데, 온라인과 오프라인으로 나누어서 생각할 수 있을 것이다. 아울러, 점포 창업의 경우에는 어느 장소(점포의 입지)에서 창업을 하는가 하는 것이 매우 중요한데, 점포의 입지선정을 위해서는 점포 예정지

역에 대한 상권분석이 실시되어야 한다.

(4) **무엇을**(what): 무엇을 만들고 판매할 것인가 하는 문제를 말한다. 이것은 아이템에 해당하는 것으로 유형의 아이템과 무형의 아이템으로 구분하여 생각할 수 있다. 아울러, 상품을 판매할 수도 있고 서비스를 판매할 수도 있다.

(5) **어떻게**(how): 어떻게는 창업기업의 경영과 관련된 여러 요소를 어떻게 결합시켜서 경영하는가 하는 문제를 말한다. 즉, 기술개발, 자금조달, 홍보 및 마케팅, 시장개척, 인사관리 등의 여러 문제를 어떻게 관리하고 운영할 것인가 하는 것을 말하는데, 창업자는 자기 나름대로의 경영철학과 전략을 갖고 있어야 할 것이다. 예를 들어, 흔히 마케팅전략으로서 4P가 중요하듯이, 프랜차이즈 시스템에서는 4S(Speed, Spread, Strength, Satisfaction)전략도 매우 중요하다는 것이다. 즉, 시장진입의 속도, 가맹점의 확산전략, 브랜드의 강점 및 차별화, 고객만족이 프랜차이즈 창업 시에 중요하게 고려되어야 한다는 것이다.

(6) **왜**(why): 왜는 무엇 때문에 창업을 하는가 하는 것과 같이 창업의 목표를 분명하게 해야 한다는 것이다. 또한 창업의 과정에서 일어나는 수많은 문제와 의사결정에 대해서 "왜?"라는 질문을 스스로 하고 또한 자신있게 대답할 수 있어야 한다는 것이다.

위에서 언급한 6가지를 잘 생각해 보면, 창업이라는 것은 결코 좋은 아이템 하나만 있다고 해서 성공할 수 있는 것은 아니라는 것을 알 수 있다. '구슬이 서말이라도 꿰어야 보배'라도 있듯이 여러 요인들을 생각해야 하고, 그러한 요인들을 효과적으로 결합시켜야 성공창업이 가능하다는 것을 기억해야 한다.

☞ [YouTube 채널: 김영문_travel_and_sbiz]
본 내용과 관련하여 유튜브(YouTube)에 등록되어 있는 [창업의 육하원칙] 동영상을 검색하여 들어보세요.

9. 창업의 기본적인 절차

일반적으로 창업은 다음의 7단계로 진행할 수 있으며, 물론 업종과 아이템에 따라 조금씩 달라질 수는 있다. 중요한 것은 생각만 하지 말고, 문서로 만들어 가야 할 것이다.

(1) 창업예비분석

먼저 창업자는 자신의 창업자질 및 적성 등을 분석하여 창업을 하는 것이 타당한가를 결정해야 하며, 창업자가 갖고 있는 자원이 충분한지 혹은 창업시기가 적당한지를 생각해야 한다는 것이다. 물론 어느 누구도 충분한 자금, 기술 등을 갖추고 창업을 하는 것은 아니지만, 부족한 자원을 어떻게 조달할 것이며 충분히 조달할 수 있는지를 생각해야 한다.

(2) 사업목적의 정의

창업예비분석을 통해 창업을 하기로 결정했으면, 창업의 기본적인 이유와 창업방향에 대해 명확하게 해 두어야 한다. 즉, 창업을 통해 달성하려는 것이 무엇인지 혹은 추구하고자 하는 것이 무엇인지를 확실하게 정의해야 하는데, 그것은 창업이념 혹은 미션(mission)으로 표현될 수 있다. 즉, 창업자의 생각, 삶의 철학 등이 창업을 통해 구현될 수 있는 분명한 목표가 설정되어야 할 것이며, 돈은 결코 창업의 미션이 될 수 없다.

(3) 사업분야의 결정과 사업 아이디어의 모색

사업분야는 바로 창업업종이라고 할 수 있으며, 사업 아이디어는 창업아이템이라고도 할 수 있다. 사실, 사업분야 혹은 사업 아이디어를 결정할 때에는 많은 자료의 수집, 전문가와의 상담, 현장 탐방 및 벤치마킹 등 많은 절차와 시간, 그리고 비용이 소요될 수 있다.

(4) 사업성 분석

앞에서 결정한 사업분야와 아이디어가 사업성이 있는가를 분석하기 위해서는 수익성, 시장성, 기술성뿐만 아니라 공익성도 고려해야 한다. 사실, 초보자의 경우에는 사업성을 분석하는 것이 쉽지 않기 때문에 동일한 사례 혹은 유사한 사례를 벤치마킹(benchmarking)하는 것이 좋을 것이다.

(5) 인적 · 물적 자원의 조달과 구성

인적 자원과 물적 자원의 핵심은 창업멤버를 구성하는 일과 창업에 필요한 자금을 조달하는 것이라고 할 수 있다.

(6) 사업(창업)계획서의 작성과 조직구조의 설정

사업계획서의 중요한 사항으로는 제품계획, 판매계획, 생산 및 설비계획, 일정계획 등의 세부 계획들이 수립되어야 한다. 또한 앞에서 확보된 인적 자원을 기업의 주요 기능에 따라 배치하는 것도 필요하다.

(7) 사업개시

모든 준비가 끝났으면, 사업을 시작하면 된다. 설사, 사업을 개시하였다 하더라도 얼마나 할 수 있을지에 대해서는 아무도 장담을 할 수가 없다. 한국에서 창업시장은 수명주기가 너무 짧고, 고객들의 취향이 너무 자주 변하는 특징이 있다는 것이다. 그렇기 때문에 사업을 개시했다고 하더라도 향후 고객의 수요 변화에 따른 신규 수익모델의 추가 혹은 업종전환을 염두에 둔 창업기업의 경영이 필요하다고 할 것이다.

☞ [YouTube 채널: 김영문_travel_and_sbiz]
본 내용과 관련하여 유튜브(YouTube)에 등록되어 있는 [창업의 절차 7단계] 동영상을 검색하여 들어보세요.

10. 창업계획서의 구성과 주요 내용

창업을 하겠다고 결심했으면, 자신이 막연하게 생각하고 있는 사항들을 구체적으로 정리해 보는 것이 필요하다. 아울러, 자신의 주관적인 생각이나 판단보다는 객관적인 시각으로 자신의 사업에 대해 계획해 볼 수 있는 것이 바로 창업(사업)계획서라는 것인데, 최소한 아래의 목차에 의거하여 직접 작성해야 한다. 물론 창업의 종류와 방법에 따라 일부 항목은 필요가 없거나 어떤 항목은 추가되어야 하는 것도 있을 것이다.

(1) 요약 및 목차

요약(summary)은 창업계획서의 가장 중요한 부분인데, 요약에서는 사업의 간략한 정리가 있어야 하고 계획서의 핵심이 강조되어야 한다. 그리고 목차의 큰 제목에 해당하는 부분을 압축하고 제시해 주어야 한다. 또한 목차는 한 장 한 장 자세히 살피기보다는 관심 있는 사업계획서의 내용만 읽을 독자에게 편리를 제공하기 위해 필요하다.

(2) 회사의 소개와 조직

회사에 관한 일반적인 사항을 소개하는 부분으로서 ① 회사 개요(기업명 및 형태, 설립 예정지역, 주요 생산품 등), ② 회사 연혁(창업 동기 및 사업의 기대효과), ③ 조직 기구도, ④ 주주 현황, ⑤ 경영진 및 기술진, ⑥ 금융거래 현황, ⑦ 조업 현황, ⑧ 관련기업 현황, ⑨ 기타의 내용들이 구체적으로 포함된다.

(3) 산업분석

산업분석은 ① 도전하고자 하는 사업의 분석, ② 목표시장, ③ 소비자 분석, ④ 경쟁자 분석 등이 이루어져야 하는데, 창업계획서에서 가장 중요한 부분이라고 할 수 있다. 아울러 시간과 비용이 가장 많이 소요되는데, 시장에 대한 분석도 없이 창업을 한다는 것은 총도 없이 전쟁터에 나가는 병사와도 같다는 것을 생각해야 한다.

(4) 마케팅 계획

마케팅의 4P에 의한 전략을 제시해야 하는데, ① Product(제품정책), ② Price(가격정책), ③ Promotion(촉진정책), ④ Place(유통정책)에 대한 구체적인 계획이 수립되어야 한다. 여기에서 Promotion(촉진정책)은 홍보와 광고의 두 가지로 구분하여 계획할 필요가 있는데, 홍보는 돈이 들어가지 않는 마케팅활동이라고 할 수 있으며 광고는 돈이 들어가는 마케팅활동으로 구분할 수 있다.

(5) 기술 및 연구개발

창업 대상 기술의 내용 및 특성(기술의 우위성)을 제시해야 하는데, 기술의 핵심내용을 그 분야에 대해 잘 모르는 사람이 읽더라도 이해할 수 있도록 쉽게 설명하고, 아이템 선정과정 및 기술현황, 사업화

가능성 및 전망 그리고 향후 R&D 투자계획을 개발목표, 개발인력 구성, 개발소요자금, 개발 일정 등으로 설명한다.

(6) 생산과 시설계획

창업아이템이 제품을 실제로 생산해야 하는 경우라면 ① 총괄, ② 연차별 가동 계획, ③ 제품별 생산 공정도 및 공정 설명, ④ 원·부자재 소요 및 조달계획, ⑤ 생산 및 시설투자 계획 등의 형태의 생산계획이 제시되어야 한다.

(7) 경영과 소유, 인력계획

창업조직을 소개하는데, 언제 어떤 자격을 가진 사람을 확보할 예정인가에 대한 언급도 필요하다. 특히 경영진이나 투자자를 제외한 우수인력에 대한 계획을 언급하는 것이 필요하다. 사실, 외부 투자를 받으려면 경영진은 매우 중요한 평가요소가 된다.

(8) 자본 및 재무계획, 자본금 회수방안

창업자가 필요로 하는 자본에 대해서도 언급하는데, 필요한 액수와 시기에 대해서 설명한다. 또한 조달된 자금을 어떻게 사용할 것인지에 대한 소요자금 명세 및 용도와 차입금 상환계획을 제시해야 한다.

(9) 부록

앞에서 삽입하지 못했던 자료, 시제품의 사진, 신문 스크랩 등을 첨부한다. 즉, 대표자 및 임원 이력서, 기술진 이력서, 최근 3년간 결산

서류, 담보 제공시 담보물 감정서, 도시계획 확인원, 등기부 등본, 보증 관련 서류, 사업자 등록증 사본, 정관, 법인 등기부 등본, 제품 카탈로그, 기타 필요하다고 인정되는 서류 등을 첨부하면 된다.

☞ [YouTube 채널: 김영문_travel_and_sbiz]

본 내용과 관련하여 유튜브(YouTube)에 등록되어 있는 동영상 강좌는 다음과 같다.

① 창업계획서의 목차(1)

② 창업계획서의 목차(2)

③ 사업계획서의 종류

④ 창업계획서 작성시 주의사항

11. 창업업종 혹은 창업아이템을 선정할 때의 고려사항

예비창업자들의 입장에서 보면, 창업할 업종 및 창업아이템을 선정하는 것은 평생의 배우자를 선택하는 것만큼이나 중요한 일이라고 할 수 있다. 쉽게 선택할 수도 없는 것이기도 하지만 선택의 결과를 번복하는 경우에는 많은 손실이 따르게 된다는 것이다.

그러한 측면에서 보면, 〈표 2〉에서 제시하고 있는 4개의 주요 항목

〈표 2〉 창업업종 및 창업아이템을 선정할 때의 평가항목

주요 항목	평가요소	세부 검토사항
상품성	상품의 적합성	• 창업자가 잘 아는 제품인가? • 상품이 비필수품이거나 사치품은 아닌가? • 정부의 인 · 허가 등에 의한 제한이나 독점은 없는가?
시장성	시장의 규모	• 예상되는 고객의 수는 어느 정도인가? • 국내 및 해외 시장 규모는 금액으로 어느 정도인가?
	경쟁성	• 경쟁자의 세력 및 지역별 분포는 어떠한가? • 경쟁제품과 비교했을 때 품질과 가격관계는 유리한가? • 판매 유통이 용이하며, 물류비용이 저렴한가?
	시장의 장래성	• 잠재 고객수의 증가는 있는가? • 새로운 창업기업의 침투 가능성은 어느 정도인가? • 소비자 성향이 안정적이고, 필요성이 증가하는가?

주요 항목	평가요소	세부 검토사항
수익성	제품생산 비용의 효익성	• 적정 비용으로 제품을 생산할 수 없는 요인이 있는가? • 생산 공정이 복잡하지 않고, 효율성은 있는가?
	적정이윤 보장성	• 원자재 조달이 용이하고, 값은 안정적인가? • 필요한 노동력 공급이 용이하며 저렴한가? • 적정이윤이 보장되는가?
안정성	위험수준	• 경제순환 과정에서 불황 적응력은 어느 정도인가? • 기술적 진보 수준은 어느 정도이며, 기술적 변화에 쉽게 대처할 수 있는가?
	자금투입의 적정성	• 초기 투자액은 어느 정도이며, 자금조달이 가능한 범위인가? • 이익이 실현되는 데 필요한 기간은 어느 정도이며, 그 동안 자금력은 충분한가?
	재고수준	• 원자재 조달, 유통과정 상 평균 재고수준은 어느 정도이며, 재고상품의 회전기간은 어느 정도인가?

(자료원: 중소기업지식나눔터, www.digitalsme.com)

과 9개의 평가요소를 기준으로 합리적으로 분석 및 평가의 결과를 토대로 창업업종과 아이템이 선정되어야 한다는 것이다. 특히 동일한 창업업종 내에서 창업아이템을 선정할 때에는 〈표 2〉에서 제시된 기준으로 평가한 후에 비교 분석해 보는 것이 필요할 것이다.

☞ **[참고]** 예비창업자가 3개의 창업아이템 중에서 하나를 고려하고 있다면, 3개 아이템을 9개의 평가요소별로 평가(항목별로 0~10점으로 평가)한 후에 점수를 합산하여 비교하는 것도 좋은 방법이 될 수 있다.

☞ [YouTube 채널: 김영문_travel_and_sbiz]

본 내용과 관련하여 유튜브(YouTube)에 등록되어 있는 동영상 강좌는 다음과 같다.

① 창업할 업종을 선택하는 기준

② 창업아이템 선정의 7단계

12. 예비창업자가 꼭 확인해야 하는 핵심 성공요소(CSF)

창업을 통해서 돈을 벌려고 하면 창업자는 관심있는 창업분야 혹은 아이템에서의 핵심 성공요소(Critical Success Factors, CSF)를 잘 알고 있어야 한다. 예를 들어, 예비창업자들이 많은 관심을 갖고 있는 3가지의 창업분야에서 반드시 확인해야 할 사항들은 다음과 같다.

(1) 오픈마켓 창업을 준비하는 경우

최근 예비창업자들이 가장 관심을 갖고 있는 창업분야가 바로 옥션, G마켓, 11번가 등으로 대표되는 오픈마켓 창업이라고 할 수 있는데, 문제는 오픈마켓마다 여러 운영적인 측면에서 차이가 있다는 것이다. 따라서 창업 전에 아래의 사항에 대해 하나하나 체크하고 비교해 보는 것이 필요하다.

첫째, 내가 판매하고자 하는 특정 상품의 판매수수료는 몇 %인가?

둘째, 상품의 등록과 광고비용은 얼마인가?

셋째, 상품의 등록절차 및 준비상의 차이점은 있는가?

넷째, 판매대금의 입금기간은 얼마나 되는가?

다섯째, 거래 완료 후 구매평가 방법에는 차이가 있는가?

그냥 옥션과 G마켓에서 판매하는 것이 아니라 위의 사항들을 체크하고 비교하다 보면, 창업자가 판매하고자 하는 상품의 이익증대를 위해서 어느 오픈마켓에서 판매를 더 집중해야 하는가를 알게 된다는 것이다.

(2) 프랜차이즈 가맹점 창업을 준비하는 경우

현재 창업시장은 프랜차이즈 가맹점 창업이 대세를 형성하고 있다고 해도 과언이 아닌데, 예비창업자의 경우에는 본사의 말만 믿지 말고 적어도 다음과 같은 5가지의 사항에 대해서 직접 확인하는 것이 필요할 것이다.

첫째, 가맹사업거래의 공정화에 관한 법률에 의거하여 본사가 제공하는 10가지 내용을 담은 정보공개서의 내용을 꼼꼼히 체크하고 분석해야 한다.

둘째, 장기적인 관점에서의 창업트렌드에 부합하는 아이템 혹은 브랜드인가를 확인한다.

셋째, 현재 5년 이상 존속하는 프랜차이즈 본사가 10%도 되지 않는다는 점을 감안해야 하며, 본사가 도산할 수 있다는 최악의 경우에 어떻게 할 것인가를 생각해야 한다.

넷째, 무엇보다 중요한 것은 창업자 자신이라고 할 수 있는데, 본사에 무작정 의존하거나 불평만 하기 전에 창업자 스스로가 얼마나 많은 준비를 하였는가를 생각해야 한다.

다섯째, 적어도 3~5개의 가맹점을 직접 방문하여 영업현황을 파악해야 함은 물론 가맹점주와의 대화를 통해 장점과 단점, 문제점과 애로사항 등에 대해 확인해야 한다. 즉, 프랜차이즈 가맹점 창업에 있어서는 손과 발을 부지런히 움직여서 본인의 눈으로 직접 확인하고 점검하는 것이 필수라는 것이다.

(3) 손재주 및 수공예 창업을 준비하는 경우

요즈음 복지관을 비롯한 대학의 평생교육원 등에서 주부를 대상으로 다양한 수공예 강좌를 열고 있으며, 많은 여성들도 향후 창업을 생각하여 많이 수강하고 있는 실정이다. 수공예 창업의 분야도 매우 다양해져 가고 있는데, 막연히 배우는 재미로는 안 된다는 것이다. 따라서 다음의 몇 가지를 생각해야 할 것이다.

첫째, 요즈음 고객들이 어떤 수공예 제품을 선호하는가에 대한 시장조사를 해야 한다.

둘째, 수공예 제품은 원가가 높은 편인데, 고객의 입장에서는 높은 가격을 지불할 의향이 없다는 것을 생각해 볼 필요가 있다.

셋째, 수공예 상품의 판매수익 외에 다양한 수익원을 창출하는 것이 필요한데, 수공예 제작교육을 통한 수입, 강사교육을 통한 수입, 체험학습을 통한 수익창출 등을 생각해 볼 수 있다.

넷째, 어떻게 판매할 것인가 하는 것도 생각해야 하는데 초기에는 독립점포보다는 숍인숍(shop in shop) 판매, 납품 판매, 온라인 입점 등을 고려할 수 있다.

위에서는 3개의 창업분야만 한정하여 예비창업자가 체크해야 할 핵심 성공요소(Critical Success Factors, CSF)를 언급하였다. 이와 같은 방법으로 본인이 관심있는 창업분야 혹은 창업아이템에 대해서 핵심 성공요소를 확인하는 것이 필요하다. 그렇게 하기 위해서는 각 창업분야별로 필수적으로 확인하고 분석해야 할 사항들에 대해 목록을 만들어야 한다는 것이다. 아울러 필요하면 전문가의 자문을 받아 시간이 걸리더라도 꼭 점검한 후에 창업을 하는 것이 실패를 줄이는 길임을 명심해야 한다.

☞ **[참고]** 어떤 아이템으로 창업을 하든 중요한 것은 그 아이템의 핵심 성공요소(Critical Success Factor, CSF)를 빨리 파악해서 준비해야 한다. 하지만, 핵심 성공요소를 파악하기 위해서는 다양한 방법으로 시장조사를 해야 하지만 일반적으로 기존 창업자들과의 교류와 만남을 통해서 파악할 수밖에 없다.

☞ [YouTube 채널: 김영문_travel_and_sbiz]
본 내용과 관련하여 유튜브(YouTube)에 등록되어 있는 동영상 강좌는 다음과 같다.
① 오픈마켓 간의 차이를 확인
② 옥션/G마켓창업의 준비
③ 가맹점 계약시 확인해야 할 사항
④ 수공예 창업아이템과 수익창출 방법

13. 창업과정상의 준비 요소를 추출하기 위한 계층적 질문법

많은 예비창업자들은 창업에 대한 막연한 생각만 갖고 있을 뿐이며 구체적으로 무엇을 준비해야 하는지를 잘 모르고 있다. 즉, 어디에서부터 시작을 해야 하는지를 잘 모른다는 것이다. 이럴 때는 백지와 볼펜을 준비하여 계층적 질문법으로 문제를 해결해 가는 것도 좋은 전략이 된다.

예를 들어, 창업을 해야 하겠다고 결심을 했다면 "성공창업을 위해 무엇을 준비해야 하는가?"라는 질문을 스스로 해 보면 된다. 그러면, 그것에 대한 대답은 아래의 5가지로 요약할 수 있을 것이다. 물론 창업분야에 따라 아래의 사항들은 달라질 수 있을 것이다.

(1) 준비된 창업자
(2) 기술 혹은 아이디어
(3) 시장
(4) 자금
(5) 홍보와 마케팅

그 다음으로 위의 5가지 요소별로 세부 질문을 해 보면 된다. 예를 들어, "자금은 어떻게 조달할 수 있는가?"라는 질문을 자신에게 던져

본다. 그리고 이에 대한 대답을 찾아야 한다는 것이다. 자금은 창업자 자신이 보유하고 있는 자금과 다른 사람 혹은 기관이 보유하고 있는 자금으로 분류할 수 있을 것이다.

> (4) 자금 = (4.1) 자기자금 + (4.2) 타인자금

여기에서 "자기자금은 어떤 것들이 있는가?"라는 질문을 스스로에게 해 본다. 그러면, 현금, 조기에 현금화가 가능한 주식, 담보로 하고 돈을 빌릴 수 있는 집 등의 목록을 만들 수 있다. 또한 타인자금은 정부기관으로부터의 정책자금, 은행으로부터의 대출, 기관 혹은 개인으로부터의 투자 등으로 구분할 수 있을 것이다.

> (4.1) 자기자금 = (4.1.1) 현금 + (4.1.2) 주식 + (4.1.3) 집(담보)
> (4.2) 타인자금 = (4.2.1) 정책자금 + (4.2.2) 대출 + (4.2.3) 투자

즉, 창업과정 상에서 준비되어야 하거나 궁금한 내용에 대해 상위계층에서 하위계층으로 내려가면서 단계별로 무엇이 필요한가를 나열하고, 끊임없이 창업자 자신에게 질문을 하면 된다는 것이다. 이러한 것을 계층적 질문법이라고 할 수 있는데, 이를 통해서 상위계층에서 하위계층으로 내려갈수록 세부적인 사항들을 끊임없이 나열할 수 있을 것이다.

그 후에 미처 준비되지 못한 사항들에 대해서는 어떻게 준비할 것인가를 생각하거나 특정 세부사항에 대해서는 포기할 수도 있다는 것이

다. 그 결과 창업자가 당초 계획한 목표를 이루기 위해 하위계층에서부터 상위계층으로 올라갈수록 어떤 세부사항들이 실천과제로 해결되어야 하는가를 파악할 수 있다. 이러한 계층적 질문법은 각 계층별로 창업전문가의 도움을 받아서 진행을 한다면, 성공창업의 준비를 위해 매우 유용하게 활용될 수 있다.

☞ [YouTube 채널: 김영문_travel_and_sbiz]
본 내용과 관련하여 유튜브(YouTube)에 등록되어 있는 [창업자가 갖추어야 할 요소]를 검색하여 들어보세요.

14. 성공창업은 어디서부터 시작해야 하는가?

많은 예비창업자들을 보면 창업을 하고 싶다는 마음은 간절한데 대부분 어디서부터 시작해야 하는가를 잘 모른다는 것이다. 즉, 빨리 창업을 해서 돈을 벌고 싶다는 마음만 있을 뿐 실제 행동으로 실천하는 방법에 있어서는 부족함이 많다는 것이다. 이에 따라 창업을 생각한 이후에 실천해야 할 사항 몇 가지를 제시하고자 한다.

(1) 네이버(Naver), 네이트(Nate), 다음(Daum), 구글(google) 등과 같은 포털사이트의 [뉴스]메뉴에서 창업관련 기사를 검색해 본다. 그냥 창업, 프랜차이즈, 외식, 인터넷쇼핑몰 등과 같이 자신이 관심 있는 분야 혹은 아이템에 대한 검색어를 입력한 후에 검색만 하면 된다.

(2) 창업박람회, 창업설명회 및 창업교육에 자주 참가해 보기를 권한다. 서울, 대구, 부산 등에서 개최되는 창업박람회뿐만 아니라 지역에서 개최되는 창업설명회 혹은 창업교육에 참석하여 보고, 듣다 보면 자신이 관심을 갖는 창업아이템을 찾을 수 있다.

(3) 포털사이트 다음(Daum)과 네이버(Naver)에서 창업카페를 검색하여 가입한 후에 활동해 본다. 예를 들어, 많은 창업카페에 가입해 보면, 다양한 창업교육과 행사를 개최하고 있다. 또한 다양한 분야의 창업자들과 교류하면서 창업 준비에 필요한 좋은 정보들을 습득함은 물론 성공한 창업자들로부터 조언도 받을 수 있다.

(4) 전국에 설치되어 있는 소상공인지원센터, 창업보육센터, 테크노파크 등과 같은 창업지원기관을 효과적으로 활용하는 것이 필요할 것이다. 예를 들어, 소상공인시장진흥공단(www.sbiz.or.kr)에서는 전국 소상공인지원센터의 위치뿐만 아니라 개최되는 창업 강좌에 대한 정보도 얻을 수 있다. 또한 창업보육센터 네트워크 시스템(www.smes.go.kr/binet/main/main.do)에 접속하면 전국의 창업보육센터 위치와 연락처뿐만 아니라 창업행사에 대한 정보, 그리고 입주할 신생기업을 모집하고 있는 창업보육센터에 대한 소식도 접할 수 있다.

(5) 창업전문가 혹은 창업컨설턴트를 만나서 조언을 받는 것도 필요하다. 창업준비 과정상에서 애로를 겪고 있는 문제를 가장 잘 해결해 줄 수 있는 전문가를 찾아서 상담을 받는 것은 중요할 것이다. 중요한 것은 제대로 지불하고 제대로 상담을 받는 것이 좋다.

(6) 홈페이지를 만들기 위해 반드시 알아야 하는 HTML과 상품이미지를 만들기 위해 필요한 포토샵에 대해 반드시 배워야 한다. 아울러 카페(cafe)와 블로그(blog)의 운영에 대한 지식도 필수적이다.

(7) 마지막으로 창업을 생각하고 있는 예비창업자들에게 꼭 부탁하고 싶은 것은 머리로 생각을 했으면 반드시 손과 발로 실천하라는 것이다. 또한 아무리 먼 거리라고 하더라도 직접 가서 눈으로 확인하고 점검해야 한다는 것도 잊지 말아야 한다.

☞ [YouTube 채널: 김영문_travel_and_sbiz]
본 내용과 관련하여 유튜브(YouTube)에 등록되어 있는 [창업관련 정보의 수집과 이유]를 검색하여 들어보세요.

15. 창업박람회, 창업교육 및 창업행사에서 수집해야 하는 것

1997년의 외환위기 이후 매년 전국적으로 창업박람회, 창업교육 및 행사들이 개최되고 있다. 아울러, 다음(Daum)과 네이버(Naver) 등에서 운영되고 있는 창업카페에서도 다양한 형태의 교류모임, 행사를 진행하고 있다. 하지만, 이러한 행사 혹은 교육에 참석하는 많은 예비창업자들은 행사의 내용에 대해 실망하거나 행사가 끝나기도 전에 나가는 경우도 많다. 예비창업자들이 생각하는 내용과는 다르다는 것인데, 아래의 사항들을 한번 더 생각하면 좋을 것이다.

(1) 정보를 얻는 데 초점을 두어야 한다. 창업박람회에 가보면 대부분 프랜차이즈 본사들이 가맹점 모집을 위해 열심히 홍보를 하고 있다. 어떤 예비창업자들은 이런 것에 대해 불평을 하기도 하지만, 창업아이템에 대한 정보를 수집하는 기회로 생각하면 좋을 것이다. 사실, 전국적으로 개최되는 창업박람회에 3~5년 정도 참관해보면, 국내 창업시장의 흐름을 파악하는 데에도 상당히 도움이 된다.

(2) 벤치마킹의 기회로 삼아야 한다. 창업박람회의 경우에는 적어도 50개 이상의 아이템을 만날 수 있으며, 궁금한 것은 무엇이든 물어볼 수 있는 좋은 기회가 된다. 굳이 가맹계약을 하지 않더라도 다른 회사가 전시한 아이템에 대해 자세하게 분석하고 벤치마킹할 수 있는 기

회로 활용하게 되면 이론 강의실에서 수백 시간의 강의를 듣는 것보다 더 많은 것을 배울 수 있다.

(3) 인맥형성을 위한 좋은 기회가 될 수 있다. 창업박람회, 창업교육 및 행사는 예비창업자뿐만 아니라 국내의 유명 창업관련 회사 임직원, 창업을 지원하는 정부기관의 담당자들을 만날 수 있는 좋은 기회가 된다. 이러한 곳에 갈 때에는 본인의 명함을 만들어서 서로 교환하면 나중에 그것이 큰 자산이 된다는 것을 생각해야 한다.

(4) 차별화를 할 수 있는 아이디어를 얻을 수 있다. 얼핏 보면 시시해 보이기도 하고 수익성이 없어 보이는 창업아이템도 많이 만날 수 있다. 그러면 전시된 아이템을 활용하여 어떻게 차별화를 하면 조금 더 수익성이 좋은 아이템으로 만들 수가 있는가를 생각하면 좋다.

(5) 결정적인 지식을 얻을 수 있다. 말솜씨가 없는 강사의 강의를 2~3시간 듣고 있으면 졸음도 쏟아지고 금방이라도 나가고 싶은 충동을 받을 수 있다. 하지만, 스쳐가듯이 듣게 되는 한마디가 결정적인 지식 혹은 핵심정보가 될 수도 있다. 컴퓨터 실습교육을 진행하게 되면, 귀로는 강사의 말을 듣고 눈과 손으로는 마우스로 인터넷사이트를 살펴보고 있는 예비창업자들이 많다. 그러한 경우에 아무 것도 얻지 못하고 돌아가면서 불평이나 할 수 있다는 것을 생각하면 좋겠다.

☞ [YouTube 채널: 김영문_travel_and_sbiz]

본 내용과 관련하여 유튜브(YouTube)에 등록되어 있는 동영상 강좌는 다음과 같다.

① 창업박람회에서 얻어야 하는 것

② 창업관련 정보의 수집과 이유

16. 무상 창업자금을 받기 위한 준비

국내 경기가 위축되면서 정부에서는 무상으로 지원하는 창업자금을 크게 증액하고 있는 실정인데, 아래에서 제시하는 5가지를 잘 준비하는 것이 중요하다. 창업자금을 지원하는 심사 과정은 서류심사와 발표심사로 구분되어 진행되는데, 심사위원들이 가장 관심을 갖고 살펴보는 것은 돈을 벌 수 있는지, 창업자가 기술을 보유하고 있는지, 장기적으로 성장성이 있는지, 창업을 하기 위해 제대로 준비가 되어 있는지 등이라고 할 수 있다.

(1) 창업자금을 지원하는 기관들을 조사해야 한다. 중소기업청(중소벤처기업부), 소상공인지원센터, 중소기업진흥공단, 창업진흥원, 창업선도대학 및 창업보육센터, 테크노파크 등이 있는데, 창업자금 지원기관별로 자금지원의 대상 및 조건이 다르다는 것을 확인해야 한다. 또한 이러한 창업자금 지원기관들의 홈페이지에 수시로 접속하는 것이 적기에 필요한 창업자금을 받는 데 도움이 될 수 있으며, 나중에 갚아야 하는 창업자금 외에도 완전히 무상으로 지원되는 창업자금도 많은 실정이다.

(2) 사업계획서를 작성해야 하고, 증빙서류들을 준비해야 한다. 창업자금을 지원하는 기관에서 중요하게 생각하는 것은 바로 사업계획

서인데, 어떤 창업을 할 것이며 창업자가 얼마나 준비되어 있는가에 대해 알고자 한다. 그렇기 때문에 사업계획서에 창업을 위해 지금까지 어떤 준비를 하였으며. 어떤 기술을 보유하고 있는지, 그리고 어떤 분야의 창업을 계획하고 있는가를 구체적으로 설명해야 한다. 또한 사업계획서에 설명된 내용에 대해서는 객관적인 증빙서류를 준비하여 제출하는 것이 매우 중요한데, 특히 지적재산권, 자격증, 주요 경력 및 교육이수 실적 등에 대해서는 증빙서류를 갖추어야 한다.

(3) 특허청에 등록되어 있는 지적재산권을 보유하고 있는 것이 필요한데, 특허 혹은 실용신안 등록증을 보유하고 있는 경우에는 자금을 받는 데 유리하다. 현재 대부분의 창업자금 지원기관에서는 지적재산권을 보유하고 있는 경우에는 심사에서 가산점을 부여하고 있다. 또한, 지적재산권은 변리사를 통해 등록을 할 수도 있지만, 특허관련 사이트에서 구매하는 것도 생각할 수 있다. 사실, 창업자가 지적재산권 1~2개를 보유하고 있음으로 인해 받을 수 있는 혜택은 매우 다양하며, 특히 창업자금을 지원받는 데 매우 유리하다.

(4) 시제품을 제작하여 창업준비 상황을 입증시킬 수 있어야 한다. 포털사이트에서 시제품 제작기관을 검색하여 시제품을 제작할 수 있으며, 시제품 제작비를 지원해 주는 기관들도 많이 있다. 예를 들어, 전국 40개의 창업선도대학 창업지원단 및 280여개의 창업보육센터에서는 시제품 제작을 희망하는 예비창업자들에게 적어도 몇 백만원의 자금을 지원하고 있다.

(5) 심사과정을 이해하고 사전에 준비해야 한다. 앞에서 언급한 창업자금 지원기관에서 창업자금의 지원에 대한 심사를 어떻게 하는지

를 이해하는 것이 필요한데, 일반적으로는 서류심사 및 발표심사를 진행하게 된다. 특히 발표심사는 10분 정도의 시간이 주어지게 되는데, 제한된 시간 내에 계획 중인 창업아이템에 대한 시제품을 보여주면서 창업으로 인한 수익성, 성장성, 수출가능성, 자금조달방안 등에 대해 예상되는 질문 및 답변을 만들어보는 것도 도움이 될 것이다.

☞ [YouTube 채널: 김영문_travel_and_sbiz]
본 내용과 관련하여 유튜브(YouTube)에 등록되어 있는 동영상 강좌는 다음과 같다.
① 무상(공짜) 창업자금을 받는 방법
② 창업자금 조달방법의 종류

17. 초보창업자가 창업을 시작할 수 있는 방법 7가지

창업시장은 매우 다양하며, 다양한 형태의 창업이 가능하다는 것이다. 하지만, 대부분의 예비창업자들은 독립형 창업과 프랜차이즈 창업만을 생각하는 경향이 있다. 하지만, 아래에서 제시하는 방법들에 대해 잘 준비하면 의외로 창업시장에서 안정적으로 돈을 벌 수 있다는 것이다.

(1) 독립형 창업

창업자가 처음부터 끝까지 모든 것을 혼자서 준비해서 창업을 하는 것을 말하는데, 초보창업자보다는 창업에 대해 경험이 있는 창업자가 유리한 방법이다.

(2) 프랜차이즈 본사 창업

독립형 창업으로 경험과 노하우를 쌓은 후에 프랜차이즈 본사를 창업하는 것도 좋은데, 독립형 창업은 창업자의 능력에 의해 성패가 좌우되지만 프랜차이즈 본사 창업은 뒤에서 설명할 '88. 프랜차이즈 본사가 갖추어야 할 기능 10가지'에서 제시한 10가지의 기능이 하나의 시스템으로 완전하게 구축될 때에 성공할 수 있다는 것을 염두에 두어야 한다.

(3) 프랜차이즈 가맹점 창업

오랜 기간 동안 직장생활을 한 명예퇴직자, 주부 등이 손쉽게 창업을 할 수 있는 방법인데, 본사의 지원이 부실하거나 본사가 망하면 모든 것을 잃게 될 수 있다는 것을 생각해야 한다.

(4) 총판계약을 통한 창업

시장성과 장래성이 있는 프랜차이즈 본사와 특정 지역(예: 대구경북 지역 총판)에서의 총판계약을 맺는 것도 좋은데, 예비창업자들에게 홍보를 하여 계약을 할 수 있는 능력이 있어야 한다. 총판계약의 경우에는 적어도 5천~1억원 정도가 초기에 투자되어야 한다는 단점이 있다.

(5) 홍보 및 계약대행 창업

5개 혹은 그 이상의 프랜차이즈 본사들과 계약을 한 후에 예비창업자들을 대상으로 사업설명회를 개최한 후에 계약을 대행하고 약정된 수수료를 받는 형태인데, 현재 국내에서는 건당 300~500만원의 수수료를 받을 수 있다.

(6) 창업관련 연구소, 연구원, 사단법인 및 단체 설립

단체는 일반적으로 비영리를 목적으로 하지만 단체의 목적에 맞는 제한된 범위 내에서의 영리사업은 일부 가능한 것도 현실이다. 세무서에서 개인사업자로 등록할 때에도 기존의 회사이름보다는 연구소 혹은 연구원의 명칭을 사용하는 것도 고려할 만하다.

(7) 민간자격증의 발급을 통한 수익 창출

민간자격증은 규제가 엄격하지 않으면서 국가 공인자격증처럼 홍보를 하지 않으면 누구나 만들 수 있다. 어떤 분야라도 다양한 민간자격증을 만들어서 부가적인 수익을 창출할 수 있다.

☞ [YouTube 채널: 김영문_travel_and_sbiz]
본 내용과 관련하여 유튜브(YouTube)에 등록되어 있는 [창업의 종류]를 검색하여 들어보세요.

18. 사업타당성 분석 및 평가 항목

창업자의 입장에서 사업타당성 분석은 계획하고 있는 사업을 추진하는 데 있어서 제기되는 제반의 문제와 위험요소를 사전에 점검해 보고, 계획 중인 사업이 수익성 있는 해볼 만한 사업인지를 확인하려는 과정이라고 할 수 있다. 그렇기 때문에 사업타당성 분석은 창업자가 생각하고 있는 창업아이템을 최종 확인하기 전에 반드시 실시해야 한다.

(1) 사업타당성 분석의 단계

사업타당성 분석은 크게 나누어 1단계 사업성 분석(예비사업성 분석)과 2단계 사업성 분석으로 나누어 볼 수 있다([그림 3] 참조).

1단계의 예비사업성 분석은 소수의 특정 프로젝트 선정 전에 다수의 예비 프로젝트를 선별해 가는 과정이라 볼 수 있다. 예비사업성 분석은 후보사업 아이디어의 발견, 예비사업성 분석 및 후보사업 아이디어의 1차 선정으로 이어진다.

제2단계 사업타당성 분석은 예비사업성 분석에서 1차적으로 선정된 후보사업 아이디어의 상세한 분석, 즉 아이템 적응성 분석, 시장성 및 판매전망 분석, 제품 및 기술성 분석, 수익성 및 경제성 분석, 국민 경제적 공익성 분석 등을 통해 사업 성공가능성을 확인하는 과정이라

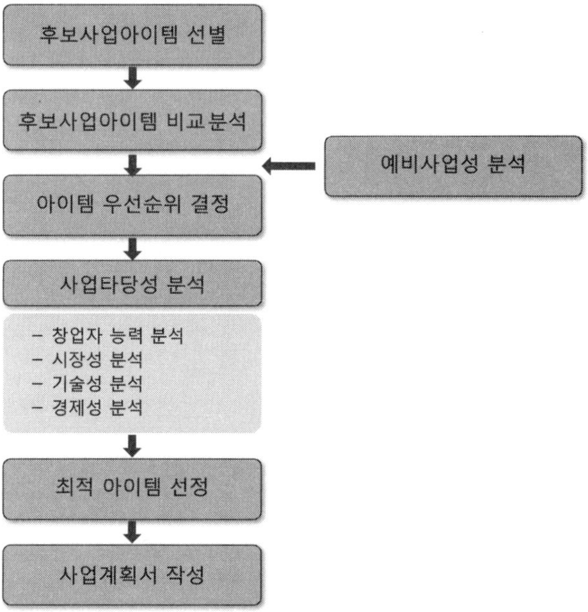

[그림 3] 사업타당성 분석의 기본 절차(자료원: 중소기업정보은행)

볼 수 있다.

여기에서 문제는 후보사업아이템을 어떻게 비교 분석할 것인가 하는 것이다. 즉, 비교할 항목을 무엇으로 할 것인가 하는 것인데, 창업비용, 본사지원, 상품 및 서비스의 가격 등이 가능할 것이다. 사업타당성 분석 역시 정성적(qualitative)인 평가항목과 정량적(quantitative)인 평가항목으로 세분할 필요가 있다.

그런데, 이렇게 평가항목의 수 및 평가방법에 따라서 평가결과에 상당한 영향을 미치게 되는데, 이러한 경우에는 전문가들의 도움을 받는 것이 필요할 것이다. 많은 예비창업자들이 합리적인 평가절차를 거치지 않고, 소위 말하는 생각 혹은 느낌만으로 결정을 하는 경우가 많다는 것이다.

(2) 사업성 평가요소

사업성 평가요소란 사업타당성 분석을 위해 분석해 보아야 할 항목을 말하며, 이는 사업타당성 분석 목적에 따라 해당 항목에 약간의 차이가 있다. 엄격하게 말하면 어떤 목적으로 사업타당성 분석을 하느냐에 따라 사업성 평가의 요소와 요소별 가중치가 달라질 수 있음을 의미한다. 그러나 근본적으로 사업의 성공가능성을 분석한다는 목적은 같은 것이며, 결국 이 평가항목의 차이란 사업성평가 각 요소의 차이라기보다는 어느 정도 심층적인 사업성 분석이 가능한가로 생각할 수 있는 측면도 있다.

한편, 계획사업의 성공가능성을 체계적이고 합리적으로 분석, 평가하기 위한 사업성 평가항목은 일반적으로 다음과 같다.

① 창업자의 사업 수행능력 평가: 기업가로서의 적성과 자질(장단점 파악), 창업자의 경험과 경력 그리고 이것에 의한 업종선택의 적합성 등을 분석한다.

② 시장성 분석: 시장의 특성 및 구조, 잠재수요, 유통경로, 판매시장 환경, 경쟁상태, 시장진입 가능성 및 중장기적인 수급전망 등을 분석한다.

③ 기술성 분석: 제품의 기술수준, 품질, 성능 분석, 생산시설 계획, 기술 및 기능인력 확보 등을 분석한다.

④ 경제성(수익성) 평가: 수익전망, 소요자금의 규모 및 조달가능성, 자금운용 계획, 사업의 위협요소, 성장가능성 등을 분석한다.

⑤ 법률적 평가: 법률적으로 문제가 없는지를 분석한다.

☞ [YouTube 채널: 김영문_travel_and_sbiz]

본 내용과 관련하여 유튜브(YouTube)에 등록되어 있는 동영상 강좌는 다음과 같다.

① 사업타당성 분석

② 사업타당성 분석과 평가요소

19. 창업자금을 지원하는 정부 및 민간기관

한국의 경우에는 1997년의 외환위기 이후 여러 정부기관에서 다양한 형태의 창업자금을 지원하고 있는 실정인데, 무상으로 지원하는 자금과 저리로 지원하는 정책자금으로 구분할 수 있다. 주요 창업자금 지원기관은 다음과 같은데, 국내 창업자금 지원기관의 명칭 및 웹사이트의 주소가 가끔 변경이 되는 경우가 있어 네이버(Naver), 네이트(Nate), 다음(Daum) 등과 같은 포털사이트에서 검색하여 확인하는 것이 필요하다.

① 중소벤처기업부(중소기업청)

② 중소기업진흥공단

③ 기술보증기금

④ 신용보증기금

⑤ 신용보증재단

⑥ 소상공인시장진흥공단(소상공인지원센터)

⑦ 한국여성경제인협회

⑧ 근로복지공단

⑨ 한국장애인고용촉진공단

⑩ 여성가족부

⑪ 마이크로크레디트(Microcredit)

–사회연대은행

–신나는 조합

–미소금융

⑫ 중소기업을 위한 종합정보서비스

창업자금을 지원받으려는 예비창업자들이 생각해야 하는 것은 대부분의 기관에서 매년 지원하고 있다는 것이며, 이번에 받지 못했다 하더라도 다음 기회에 또 신청을 하면 된다는 것이다. 아울러, 기관별로 자금의 성격과 지원대상이 다르기 때문에 자신에게 맞는 창업자금의 종류와 지원기관, 그리고 준비사항들을 미리 챙기는 것이 중요하다.

창업자금을 잘 받기 위해서는 여러 가지가 필요하지만, 사업계획서는 사전에 작성해야 하며, 창업자로서 얼마나 많이 준비를 했는가를 보여줄 수 있는 각종 증빙서류를 구비해 두는 것이 필요하다. 정부에서 주관하는 창업교육을 받은 경우, 그리고 지적재산권, ISO 9000/14000 인증 등을 갖고 있는 경우에는 가산점을 받을 수 있다.

☞ [YouTube 채널: 김영문_travel_and_sbiz]

본 내용과 관련하여 유튜브(YouTube)에 등록되어 있는 동영상 강좌는 다음과 같다.

① 무상(공짜) 창업자금을 받는 방법

② 주요 창업자금지원기관 소개

③ 창업자금지원기관 총정리

20. 창업관련 기관 및 단체의 종류

현재 창업을 지원해 주는 정부기관 및 단체는 매우 많다. 특히 IMF 이후 실직자들이 쏟아져 나오면서 그 전에 비하여 창업관련 정책 및 자금이 대폭 증가되었지만, 많은 창업자들은 이러한 정보에 어둡다는 것이다. 특히 예비창업자가 늘 관심을 갖고 있어야 하는 창업관련 기관, 단체 및 사이트들은 다음과 같이 18가지로 분류할 수 있다.

① 창업관련 정부기관
② 창업관련 협회 및 단체
③ 기술, 지적재산권, 출원 및 특허 검색
④ 창업자금 및 금융 관련 사이트
⑤ 창업관련 정보 사이트
⑥ 인력 및 입지 사이트
⑦ 기업, 산업정보, 경제지표
⑧ 물류, 유통 및 도매
⑨ 무역, 투자 및 전시회
⑩ 전시컨벤션센터
⑪ 전자상거래
⑫ 창업 법률 및 세무회계 관련 사이트

⑬ 창업보육센터 관련 사이트

⑭ 프랜차이즈 및 외식 관련 정보

⑮ 사이트 순위 정보제공

⑯ 테크노파크

⑰ 창업정보 검색 및 정보제공

⑱ 기타 유용한 사이트

창업할 분야와 아이템에 따라서 위에서 제시한 것 중의 일부 사이트에 대한 정보만 필요할 수도 있을 것이다. 그렇기 때문에 창업자는 자신의 창업분야와 관련하여 꼭 알고 있어야 하는 사이트들의 목록을 만드는 것도 필요하다. 특히 창업자의 사이트에 HTML로 목록을 만들어 두면 주소창에 일일이 사이트의 주소를 입력하지 않고 그냥 클릭만 하면 되도록 하는 것도 유용할 것이다.

아울러, 이러한 사이트들에 가입을 해 두면 정기적으로 메일을 받을 수 있는 장점이 있다. 또한, 정기적으로 사이트를 방문하여 공지된 정보들을 확인하는 것도 다양한 지원을 받는 데 있어 아주 중요한 일이라고 할 수 있다. 최근에는 인력, 자금, 법률, 국내외 시장에 대한 판로개척 등에 대한 지원을 많이 하고 있어 이러한 정보들에 대해서는 정기적으로 수집하고 관리할 수 있는 회사 내의 담당자를 선정하는 것도 좋다.

☞ **[참고]** 아는 것이 힘이다. 그렇지만 기다리지 말고 먼저 찾아가서 확인하는 것이 더 중요하다는 것이다. 정부의 다양한 정책적 지원들은 "먼저 보는 사람이 임자다"라고 할 수도 있듯이, 적극적인 자세로 찾

아가서 상담을 받고 도움을 요청하는 자세가 필요하다.

☞ [YouTube 채널: 김영문_travel_and_sbiz]

본 내용과 관련하여 유튜브(YouTube)에 등록되어 있는 동영상 강좌는 다음과 같다.

① 창업관련 기관 및 단체(1)

② 창업관련 기관 및 단체(2)

21. 경쟁기업에 대한 정보의 수집 및 관리를 위한 7가지 방법

창업시장에는 창업자 외에도 많은 경쟁기업들이 있기 때문에, 평소에 경쟁기업에 대한 정보의 수집 및 관리는 실패하지 않는 창업을 위해서 매우 중요하다고 할 수 있다. 즉, 현재 경쟁자 외에도 잠재적 경쟁자들의 동향에 대해서 조사를 하고 효과적으로 대응할 수 있는 전략계획을 수립하고 진행하는 것은 성공하는 창업을 위해 매우 중요하다. 일반적으로 경쟁기업에 대한 정보를 수집하는 것이 창업정보를 수집하는 것과 특별한 차이가 없다고 생각할 수도 있지만, 경쟁정보의 수집 및 관리의 측면에서 다음의 7가지를 진행할 수 있다.

(1) 경쟁기업에 대한 언론보도 자료를 검색함으로써 신기술의 개발, 판로개척, 사업방향에 있어서의 주요 변화 등에 대한 정보를 수집할 수가 있다. 사실, 매출이 지속적으로 성장하고 있는 기업의 경우에는 언론에 자주 보도되는데, 언론보도 자료의 조사를 통해 경쟁기업들의 최근 동향 및 미래 사업방향을 파악할 수 있다.

(2) 경쟁기업의 홈페이지를 방문하는 것이 필요하다. 예를 들어, 인터넷쇼핑몰 창업자라고 하면 경쟁기업의 쇼핑몰에서 어떤 상품이 새롭게 등록이 되었는지, 판매가격은 어떻게 조정이 되었는지, 그리고

어떤 이벤트 활동 혹은 고객서비스를 제공하고 있는지를 쉽게 조사할 수가 있을 것이다.

(3) 경쟁기업의 제품을 구매하는 소비자들의 의견에 대해서도 조사할 수 있는데, 자사와 비교하여 경쟁점포에 대해 소비자가 어떤 생각을 갖고 있는지를 파악할 수 있다. 이러한 조사를 통해서 경쟁기업의 경쟁력 혹은 특징 등에 대한 정보를 수집할 수 있으며, 자사 제품의 판매를 높일 수 있는 차별적인 마케팅 전략을 수립할 수 있다.

(4) 경쟁기업의 점포 혹은 가맹점들을 직접 방문함으로써 판매 상품의 변화, 신제품의 개발 혹은 도입, 고객의 점포방문 현황 등을 조사할 수가 있다. 특히 판매되고 있는 상품의 변화 및 차별적인 영업 전략에 대해 파악한 후에 대응전략을 수립할 수 있다.

(5) 경쟁기업 제품을 구입해 봄으로써 자사의 제품과 직접 비교해 볼 수 있으며, 경쟁력을 강화시킬 수 있는 전략적 방안도 수립할 수 있다. 또한 제품 자체의 차이뿐만 아니라 제품판매 전략의 차별성에 대해서도 조사할 수 있을 것이다.

(6) 경쟁기업에서 상품을 판매하기 위해서 어떻게 홍보하고 광고하고 있는가를 온라인(on-line)과 오프라인(off-line)으로 세분하여 조사하고 분석하는 것이 필요하다. 특히 경쟁적인 상황에 있는 선도적인 기업 혹은 탁월한 실적을 올리고 있는 기업에 대해서 조사함으로써 경쟁력을 확보할 수 있는 벤치마킹의 기회를 갖게 될 것이다.

(7) 경쟁기업에 대한 정보의 수집 및 관리와 관련하여 추가적으로 진행할 수 있는 것이 바로 SWOT 분석이다. SWOT는 Strength(강점), Weakness(약점), Opportunities(기회), Threats(위협)의 합성어인데,

SWOT분석이란 SWOT를 이용하여 창업기업의 문제를 심층적으로 분석하고 해결방안을 마련하는 것이다. 예를 들어, 경쟁기업과 비교하여 창업자의 내부환경을 Strength(강점)과 Weakness(약점)로 세분하여 분석하고, 외부환경을 Opportunities(기회)와 Threats(위협)로 구분하여 분석할 수 있다. 이러한 SWOT 분석의 결과로 경쟁기업에 비하여 상대적 경쟁력을 확보할 수 있는 방안들을 계획할 수 있을 것이다. SWOT 분석은 정기적으로 진행하는 것이 필요할 것이다.

위에서 제시한 방법들을 활용하여 경쟁기업에 대한 정보를 수집하거나 관리하기 위해서는 먼저 경쟁정보의 중요성을 인식하고 외부 전문가들로 하여금 내부 직원들에 대해 경쟁정보 관리의 중요성에 대해 교육·훈련시키는 것이 우선 필요할 것이다. 또한 경쟁기업을 지속적으로 관찰함으로써 단순히 경쟁사와의 비교가 아니라 조직적이고 전문적으로 경쟁정보의 데이터베이스(database)를 구축하고 전사적으로 관리하는 것이 필요할 것이다.

☞ [YouTube 채널: 김영문_travel_and_sbiz]
본 내용과 관련하여 유튜브(YouTube)에 등록되어 있는 [창업자의 경쟁정보 관리]를 검색하여 들어보세요.

22. 창업자가 알고 있어야 하는 웹사이트

창업을 준비하는 예비창업자들은 창업에 대한 다양한 정보 혹은 도움을 받을 수 있는 웹사이트들을 많이 알고 있는 것이 중요하다. 웹사이트를 많이 알고 있는 만큼 시간과 비용을 절약할 수 있으며, 효과적인 창업준비에도 도움이 되기 때문이다. 이에 따라 창업자가 반드시 알고 있어야 하는 필수 웹사이트 몇 개를 소개하면 다음과 같다.

(1) 한국건강기능식품협회

건강기능식품에 관한 법률 제13조의 규정에 의해서 건강기능 식품 관련 영업을 하고자 하는 자(제조업, 수입업, 판매업)와 품질관리인은 교육을 받아야 한다. 자세한 내용은 한국건강기능식품협회의 홈페이지(www.khsa.or.kr)에서 확인할 수 있다.

(2) 중소벤처기업부, 소상공인지원센터 및 창업보육센터네트워크시스템

중소벤처기업부(중소기업청), 소상공인시장진흥공단(소상공인지원센터), 창업보육센터네트워크시스템은 예비창업자들이 가장 빈번하게 방문해야 하는 웹사이트들이다. 현재 창업지원에 대한 업무는 중소기업청에서 담당하고 있으며, 자영업 창업의 지원과 상담은 소상공인지원센터에서 도움을 받을 수 있다. 아울러, 전국 창업보육센터에 대한 정보는 창업보육센터네트워크시스템에서 상세하게 제공하고 있다.

(3) 금융감독원의 전자공시시스템

대한민국의 상장회사, 코스닥 등록기업 및 향후 등록이 가능한 기업들에 대한 상세 정보들은 전자공시시스템(dart.fss.or.kr)에서 확인할 수 있다. 특히 특정 기업에 투자를 할 때에 혹은 해당 기업과 거래를 할 때에 대차대조표와 손익계산서를 볼 수 있어서 해당 기업의 건전성을 확인할 수 있다는 장점이 있다.

(4) 한국산업인력관리공단 자격검정정보망

국가자격증, 민간자격증, 외국자격증에 대한 종합적인 정보를 제공하고 있는 사이트(www.q-net.or.kr)인데, 창업자들의 경우에는 특히 민간자격증에 대해 관심을 가져볼 만하다. 즉, 민간자격증을 만들어서 운영할 수도 있다는 것을 생각하면 된다. 아울러 한국민간자격협회(www.kqa.or.kr)에서는 국내의 다양한 민간자격증에 대해 인증을 하는 업무를 수행하기도 한다.

(5) (사)대한가맹거래사협회

대한가맹거래사협회(www.ftaa.or.kr)는 국가자격증인 가맹거래사들의 단체인데, 가맹거래사는 가맹사업의 사업성 검토, 가맹사업당사자의 교육·훈련, 정보공개서와 가맹계약서의 작성 및 수정에 관한 상담이나 자문, 분쟁조정신청대행, 정보공개서 등록신청대행 등 가맹사업

전반에 대한 경영 및 법률서비스를 제공하는 전문가를 말한다. 가맹거래사는 2002년 5월에 제정된 가맹사업거래의 공정화에 관한 법률에 의거하여 2003년부터 자격시험을 실시하고 있으며, 2007년 8월의 법 개정으로 인해 '가맹사업거래상담사'에서 '가맹거래사'로 자격증의 명칭이 변경되었다.

(6) 창업박람회 정보

창업을 하고 싶은 예비창업자들이 해야 하는 일 중의 하나는 바로 전국에서 개최되는 다양한 창업박람회를 참관하는 것이다. 창업박람회에 대한 정보는 아래에서 얻을 수 있다.

① 서울: 서울무역전시장, 코엑스
② 부산: 벡스코
③ 대구: 대구전시컨벤션센터
④ 경기도: 킨텍스

예비창업자들은 한 달에 한 번만 접속해도 다양한 창업박람회에 대한 정보를 확인할 수 있는데, 미리 일정을 확인해 두었다가 참관하는 것이 좋다.

(7) 공정거래위원회 가맹사업거래

프랜차이즈 본부와 가맹점 창업자(또는 가맹점 창업희망자) 간에 발생한 다양한 형태의 분쟁들은 공정거래위원회 가맹사업거래(franchise.ftc.go.kr)를 통해 해결할 수 있으며, 자세한 내용은 홈페이지를 참조하면 된다. 일반적으로 아래의 사항에 대한 분쟁이 있는 경우에 도움을 받으면 된다.

① 가맹계약 해지 및 가맹금 반환

② 부당한 계약해지 및 갱신거절의 철회

③ 계약이행의 청구

④ 영업지역의 보장

⑤ 일방적 계약변경의 철회

⑥ 부당이득반환(광고비 등)

⑦ 상표 및 의장권 침해

23. [추천 창업아이템] 인쇄편의점 및 판촉물 창업

무점포 재택창업으로 시작할 수 있는 인쇄편의점 및 판촉물 창업은 소자본으로 창업이 가능하다는 장점뿐만 아니라 인맥형성이 풍부한 사람이면 어느 정도의 매출을 올릴 수 있는 창업아이템이라고 할 수 있다. 다만, 컴퓨터와 인터넷 관련 실무지식을 갖추고 있어야 하는데, 카페(cafe), 블로그(blog), 페이스북(facebook) 등을 활용하여 홍보 및 광고를 진행할 수 있어야 한다.

(1) 창업아이템의 개요

먼저, 인쇄편의점 창업은 컴퓨터 1대만 있으면 코렐드로우(CorelDRAW)를 사용하여 명함, 전단지, 카탈로그, 청첩장 등 다양한 인쇄물을 제작해 주는 무점포 재택창업이다. 또한 고객들을 방문할 때에 노트북을 가지고 가서 현장에서 각종 인쇄물을 제작하거나 수정하는 것도 가능하다.

한편, 판촉물은 판매 촉진을 위해 무료로 제공하는 물품을 말하는데, 넓은 범위에서의 판촉물은 기업판촉물은 물론 각종 모임, 동호회, 홍보용 일반 답례품에서부터 돌잔치 답례품, 회갑잔치 답례품 등을 포함하고 있다. 이러한 판촉물은 인쇄편의점 창업자가 함께 시작할 수 있는 최상의 아이템인데, 2가지의 수익모델(business model)을 갖고 창업을 시작하는 방식이라고 할 수 있다.

(2) 성공사례 및 관련 사이트

인쇄편의점 창업의 성공사례로서 광고편의점을 창업한 김근홍 대표가 있는데, 작은 점포에 인쇄편의점 및 판촉물 창업을 함께 진행하고 있다. 또한, 조아기프트, 번개애드 및 기프트섬에서도 명함, 스티커, 전단지, 봉투, 카탈로그, 빌지/영수증, 청첩장, 초대장 등의 인쇄물 창업자를 위한 무점포 창업을 지원하고 있다.

한편, 판촉물 창업을 지원하는 전문 사이트로는 피알기프트, 조아기프트, 판촉클럽, 글로벌기프트, 행사날, 기프트섬, 기프트파워, 판촉물코리아 등이 있는데, 일반적으로 판촉물을 판매하는 인터넷쇼핑몰의 경우에는 개발비에 대한 부담은 없고 월 사용료로 5~10만원만 지불하면 누구나 운영을 할 수가 있다.

위에서 살펴본 바와 같이, 인쇄편의점 및 판촉물 창업은 처음에는 오프라인(off-line) 점포창업의 형태로 출발하였으나 지금은 온라인(on-line) 창업의 형태로 점차 발전하고 있는 실정이다. 이로 인하여 인쇄편의점 및 판촉물 창업은 무점포 재택창업이 가능하다.

(3) 성공요소 및 준비사항

인쇄편의점 및 판촉물 창업의 핵심 성공요소 및 준비사항은 조금 차이가 있기 때문에 먼저 별도로 설명하는 것이 필요한데, 인쇄편의점 창업의 핵심 성공요소 및 준비사항은 다음과 같다. 첫째, 우선 집 근처의 점포들을 방문하여 명함을 전달하고 홍보를 하면서 인맥을 형성하는 것이 필요한데, 인쇄물은 일정 기간이 지나면 재주문이 발생한다는 장점이 있다.

둘째, 노트북에 각종 인쇄물을 제작할 수 있는 소프트웨어인 코렐드로우(CorelDRAW)를 설치하여 최종 인쇄물의 형태를 고객에게 직접 보여주면서 설명을 하고, 필요하면 즉석에서 수정해 주는 것이 좋다.

셋째, 인쇄편의점은 판촉물 판매와 함께 진행하는 것이 좋다. 신규 창업을 할 때에 인쇄물을 주문하는 경우가 많기 때문에 고객을 방문할 때에는 판촉물에 대한 샘플 혹은 사진을 노트북에 저장하여 갖고 가는 것이 필요하다.

또한, 판촉물 창업의 핵심 성공요소 및 준비사항은 다음과 같다.

첫째, 판촉물 시장은 경쟁이 워낙 치열한 실정이며, 판촉물에 대한 고객들의 반응은 많이 시들해졌다는 것이다. 이에 따라 고객들이 항상 갖고 다니면서 사용하거나 오래 간직할 수 있는 제품의 개발 및 판매가 중요한데, 선물용품 및 판촉물 전시회에 참석하여 살펴보는 것도 도움이 된다.

둘째, 판촉물 창업은 독립형 창업보다는 투잡스(two jobs) 형태로 진행하는 것이 좋은데, 수익성과 성장성에 있어서 다른 창업아이템에 비하여 늦다는 단점이 있다. 이에 따라 인쇄편의점과 함께 창업을 하는 것이 좋은데, 조아기프트(주)에서는 월 10만원의 비용으로 판촉물 및 인쇄물 온라인 쇼핑몰을 지원하고 있다.

셋째, 다양한 모임에 가입하여 활동하는 것은 판촉물의 영업에 많은 도움이 될 수 있으며, 기업, 기관 및 단체 등에 우편물을 발송하여 홍보하는 것도 필요하다.

한편, 인쇄편의점 및 판촉물 창업을 무점포 재택창업의 형태로 시작할 때에 공통적으로 준비해야 하는 사항들은 다음과 같다.

첫째, SNS(Social Networking Service)의 활용이 급속하게 확산되고 있는 실정을 감안하면, 페이스북(facebook)을 이용하여 고객들과 인맥을 형성하는 것이 필요하다.

둘째, 전자상거래 사이트를 활용하여 홍보를 하고 제품을 판매하려는 경우에는 옥션의 스토어(store), G마켓의 미니샵(minishop) 등에 입점하는 것을 생각할 수 있다.

셋째, 다음(Daum) 혹은 네이버(Naver)에서 누구나 무료로 개설하여 운영할 수 있는 카페(cafe)를 개설하여 상품을 홍보하고 판매하는 것도 생각해야 한다.

넷째, 블로그를 개설하여 홍보하는 것도 매출을 올리는 데 많은 도움이 되는데, 블로그는 다음(Daum), 네이버(Naver), 구글(google) 등에서 개설할 수 있다. 사실, 카페를 만들 수 있으면 블로그를 만드는 것은 너무 쉬운 일이다.

☞ [YouTube 채널: 김영문_travel_and_sbiz]
본 내용과 관련하여 유튜브(YouTube)에 등록되어 있는 [인쇄편의점 창업]을 검색하여 들어보세요.

24. 인터넷 홈페이지의 개발 및 비용

창업을 하게 되면 고객들에게 상품과 서비스를 알려야 하며, 크게 오프라인과 온라인으로 나누어서 알릴 수 있다. 그중 온라인 홍보를 효과적으로 하기 위해서는 인터넷 홈페이지 혹은 웹사이트가 필요하다. 컴퓨터와 인터넷을 활용하는 온라인 홍보는 비용이 거의 들지 않으면서 장기적인 효과가 있다는 장점이 있다. 한편, 대부분의 창업자들은 인터넷 홈페이지를 직접 개발하기보다는 전문업체에 의뢰하여 제작하게 되는데, 이러한 경우에 소요되는 비용은 다음과 같다.

(1) 인터넷 홈페이지의 개발비용이 있는데, 홈페이지 제작 전문업체에 의뢰하는 경우에 적어도 200~300만원 정도의 비용이 들어가게 된다. 하지만, 개발의 내용, 홈페이지의 기능, 기술적 수준 등에 따라 수천만의 비용이 들어가는 경우도 있는데, 전문적인 지식이 부족한 창업자들은 전문가의 자문을 받아서 진행하는 것이 필요하다.

(2) 도메인 구입비용이 있는데, 이것은 인터넷상의 기업주소라고 할 수 있다. 예를 들어, 아이네임즈(www.inames.co.kr) 등과 같은 기업에서 구입할 수 있다. 도메인은 매년 사용료를 납부할 수도 있고, 최고 10년까지 일시불로 사용료를 납부할 수도 있다.

(3) 홈페이지의 개발과 운영에 필요한 하드웨어 및 소프트웨어 비용이 있는데, 예를 들어, 각종 이미지를 만들기 위해서는 포토샵

(photoshop)이라는 소프트웨어가 필요하고, 홈페이지를 관리하기 위해서는 HTML을 배워야 하며, 스캐너와 디지털 카메라, 캠코드 등의 하드웨어 장비들도 구입해야 한다. 이러한 것들은 인터넷쇼핑몰 창업, 오픈마켓(옥션, G마켓, 11번가) 창업, 카페(cafe) 및 블로그(blog) 창업 등을 위해서도 꼭 필요한 것이기 때문에 반드시 배워두어야 한다.

(4) 홈페이지를 운영하기 위해서는 웹 서버와 전용회선도 필요한데, 일반적으로 매월 2~3만원만 지불하면 웹호스팅 서비스를 받을 수 있어서 별도의 웹 서버와 전용회선이 필요하지 않다. 하지만, 창업기업의 규모가 크거나 접속하는 고객이 많은 경우에는 별도의 웹서버와 전용회선이 필요한데, 일반적으로는 인터넷데이터센터(IDC)의 서비스를 이용한다.

(5) 정보관리 혹은 업데이트 비용이 있는데 이것은 홈페이지에 새로운 정보를 추가하는 비용을 말한다. 홍보와 판매를 위한 홈페이지라면 새로운 상품정보 혹은 고객들이 필요로 하는 정보를 자주 변경해 주는 것이 중요하다. 홈페이지에 얼마나 많은 사람들이 방문을 하는가 하는 것은 결국 홈페이지에 얼마나 좋은 정보들이 많은가에 따라 결정된다고도 할 수 있다. 따라서 홈페이지는 매일 새로운 정보를 등록하고 고객들의 문의에 신속하게 응답해 주어야 한다.

☞ [YouTube 채널: 김영문_travel_and_sbiz]
본 내용과 관련하여 유튜브(YouTube)에 등록되어 있는 동영상 강좌는 다음과 같다.
① 인터넷 홈페이지의 개발절차
② 인터넷 홈페이지 개발 비용

25. [추천 창업아이템] 해외 전자상거래 및 판매대행업 창업

현재 대부분의 창업자들은 국내 고객만을 대상으로 상품과 서비스를 판매하고 있는 실정인데, 컴퓨터와 인터넷을 효과적으로 활용하면 전 세계 고객을 대상으로 상품과 서비스의 판매가 충분히 가능하다. 예를 들어, 집에서도 컴퓨터 1대를 활용하여 해외 고객들을 대상으로 상품을 판매할 수 있는 국내외의 다양한 전자상거래 사이트들이 개설되어 있으며, 아울러 해외 고객들을 위한 국내의 인터넷쇼핑몰 솔루션들도 이미 개발되어 있는 실정이다.

하지만, 자영업자 혹은 소기업에서 해외 전자상거래 사이트에 상품을 등록하고 판매를 하는 것은 전문 인력의 부재, 실무지식의 부족 등으로 인해 쉬운 일이 아니며, 상품을 등록하고 매출을 지속적으로 증가시키기 위해서는 전문가들의 조언과 도움이 절대적으로 필요하다. 최근 KOTRA가 세계 전자상거래 시장으로의 우리 기업 진출을 적극 지원하기로 결정을 하면서 많은 국내 기업들이 해외시장으로의 진출에 관심을 갖게 될 것으로 전망이 되고 있다.

이러한 측면에서 국내외의 다양한 전자상거래 사이트를 활용한 상품의 직접판매 혹은 판매대행은 유망한 무점포 1인 창업아이템이라고 할 수 있다. 특히 중소기업들과의 폭넓은 인맥이 있는 중장년층에게는 소자본으로 창업을 할 수 있으며, 국내 시장을 넘어 글로벌(global) 창업자로서 새로운 도약의 기회도 만들 수 있을 것이다.

(1) 창업아이템의 개요

해외 전자상거래 창업 및 판매대행업은 두 가지의 방법으로 진행할 수가 있다. 첫째, 해외에 있는 전자상거래 사이트들을 활용하여 상품을 직접 판매하거나 판매대행을 할 수 있다. 예를 들어, 세계 최대 기업 상대(B2B) 전자상거래 사이트인 알리바바닷컴(www.alibaba.com), 중국 최대의 일반인 대상 내수 소매 사이트인 타오바오닷컴(www.taobao.com), 이베이(www.ebay.com), 일본의 오픈마켓인 라쿠텐(www.rakuten.co.jp), 아마존(www.amazon.com) 등에서 상품을 직접 판매하거나 다른 기업이 생산한 제품의 판매를 대행할 수 있다.

둘째, 창업자가 직접 해외 고객들을 위한 전자상거래 사이트를 개발한 후에 상품을 직접 판매하거나 판매대행을 할 수 있다. 국내의 여러 임대형 인터넷쇼핑몰 전문기업에서는 국내시장뿐만 아니라 해외의 고객들에게도 상품을 판매할 수 있도록 지원하고 있다. 예를 들어, 메이크샵(www.makeshop.co.kr)에서는 한국어, 영어, 중국어, 일본어 쇼핑몰을 운영할 수 있도록 지원하고 있는데, 일본시장에 진출하려면 메이크샵에서 개발한 메이크트랜스(www.maketrans.com)를 사용하여 인터넷쇼핑몰을 만들면 된다. 또한, 드림웹(www.dreamweb.co.kr)에서는 한국어 쇼핑몰뿐만 아니라 영어, 일본어, 중국어로 인터넷쇼핑몰을 제작해 주고 있기 때문에 해외 고객을 대상으로 하는 전자상거래 창업을 지원하고 있다.

(2) 벤치마킹할 수 있는 창업사례

국내외 고객들을 대상으로 하는 판매대행업의 사례는 다음과 같다. 국내 오픈마켓의 판매를 대행하는 와이드아이티씨(wideitc.com), 미국의 이베이(eBay)와 일본의 라쿠텐의 판매를 대행하는 이미지스튜디오(www.imagestudio.co.kr), 일본의 온라인 및 오프라인 시장에서의 판매를 대행해 주는 플러스엠에프(www.plusmf.com) 등이 있는데, 창업자는 이러한 사이트에 접속하여 벤치마킹(benchmarking)하는 것이 필요하다.

(3) 핵심 성공요소 및 준비사항

해외 고객들을 위한 전자상거래 창업의 주요 성공요소 및 준비사항은 다음과 같다.

① 다양한 외국어로 상품 설명을 작성할 수 있는 어학 실력이 필요한데, 이를 위해서는 적어도 2~3개 정도의 외국어를 구사할 수 있는 실력이 있어야 한다. 하지만, 구글의 번역기를 활용하면 한글을 영어 및 일본어로 자동 번역을 할 수 있다.

② 해외 전자상거래 사이트의 구조 및 주요 기능에 대한 이해, 광고를 하는 방법, 해외 배송 등에 대한 실무지식이 필요하다.

③ 해외 전자상거래 사이트에서의 판매경험을 통해 독립적인 전자상거래 사이트의 개발 및 운영도 생각해 볼 수 있으며, 관련 법률도 알아야 한다. 예를 들어, 국내에서 인터넷쇼핑몰을 개설하고 운영할 때에는 '전자상거래 등에서의 소비자보호에 관한 법

률'을 이해하고 있어야 한다는 것이다.

④ 해외 전자상거래에 대한 환경 및 국내 전자상거래와 비교한 차별성에 대해 잘 이해하고 있어야 한다. 특히 상품을 판매하고자 하는 국가의 고객들의 구매특성에 대한 파악도 사전에 진행되어야 한다.

⑤ 배송은 어떻게 할 것이며, 환불 및 반품에 대한 준비 및 대책도 마련해야 한다. 아울러, 고객이 전화 혹은 메일로 문의를 할 경우에 신속하게 응답할 수 있도록 준비해야 한다.

⑥ 외국의 주요 포털을 조사하고 키워드 광고를 어떻게 진행할 것인가에 대한 준비도 해야 한다. 예를 들어, 메이크트랜스를 사용하여 일본 고객들을 대상으로 전자상거래 창업을 한다면, 일본의 어느 포털에서 키워드 광고를 어떻게 진행할 것인가에 대한 계획이 구체적으로 마련되어야 한다.

⑦ 상품사진의 촬영에 대한 전문지식, 촬영한 상품사진을 활용하여 상품이미지로 만들 수 있는 포토샵(photoshop)에 대한 실무지식, 홍보를 위한 홈페이지를 개발하고 운영하기 위해 필요한 HTML(HyperText Mark-up Language) 실무지식 등이 있어야 한다.

⑧ 포토샵(photoshop)으로 만든 상품이미지를 상품이미지 호스팅 사이트에 등록해야 하는데, 상품이미지 호스팅 사이트는 매월 1~3만원을 지불하고 사용하는 유료 사이트들이라고 할 수 있다. 포털사이트에서 상품이미지 혹은 호스팅 사이트를 검색하면 쉽게 찾을 수 있으며, 드롭박스, Imgur, Fileslink, postimage 등과 같은 사이트들도 상품이미지 호스팅 사이트와 같은 목적

으로 무료로 사용할 수 있다.

⑨ 해외에 있는 전자상거래 사이트에 직접 상품을 등록하여 판매할 경우에는 상품을 직접 제조할 것인지 아니면 국내외의 여러 기업으로부터 상품을 공급받을 것인지를 결정해야 한다. 이를 위해서는 국내의 동대문, 남대문 및 화곡동 도매시장을 방문하여 조사를 하는 것도 필요하며, 중국의 이우시장 및 일본의 오사카 도매시장에서 상품을 구입하는 것도 생각할 수 있다.

26. 인터넷쇼핑몰 창업의 절차와 준비사항

인터넷쇼핑몰 창업은 무점포 재택형태로 창업을 할 수 있다는 점에서 예비창업자들이 가장 선호하는 창업아이템 중의 하나인데, 인터넷쇼핑몰 창업의 절차는 [그림 4]와 같이 설명할 수 있다. 아울러, 단계별로 준비해야 할 사항들에 대해 정확하게 이해하는 것이 중요하다.

(1) 1단계에서 생각해야 할 중요한 사항은 목표로 하는 고객을 선정하고 그러한 고객이 많이 구매할 수 있는 상품을 기획하는 것이라고 할 수 있다. 이를 위해서 창업계획서를 작성하면서 미처 생각하지 못한 세부내용들을 파악하고 준비해야 한다.

(2) 2단계에서는 인터넷쇼핑몰을 만들어야 하는데, 상품사진을 촬

제1단계 창업준비	아이템선정, 시장조사, 상품기획, 상품조달계획, 창업계획서 작성
	⇩
제2단계 쇼핑몰 구축	도메인 등록, 온라인 상점 구축, 상품구입, 상품사진 촬영
	⇩
제3단계 사업자 신고	사업자등록, 통신판매업 신고, 부가통신판매업 신고
	⇩
제4단계 운영준비	결제시스템 결정, 배송(물류)회사의 선택
	⇩
제5단계 쇼핑몰 오픈	검색엔진 등록, 홍보와 광고전략 수립

[그림 4] 인터넷쇼핑몰 창업의 절차

영하고 포토샵 작업을 해야 하는 등 지루하면서도 가장 많은 시간을 투자해야 하는 단계라고 할 수 있다. 특히 상품의 수가 많으면 창업자가 혼자서 감당하기에는 무리이며, 아르바이트를 구해서 단순 작업들을 맡기는 것도 좋다. 고가의 상품이라면 상품사진 촬영과 포토샵 작업은 전문가에게 의뢰하는 것도 필요할 것이다.

(3) 3단계에서는 사업자등록 및 신고 업무가 수행되어야 하는데, 부가통신판매업의 경우에는 자본금이 1억원 이상인 경우에만 해당된다. 아울러, 건강식품을 판매하는 경우에는 한국건강기능식품협회에서 주관하는 건강기능식품영업자 법정교육을 받아야 한다는 것도 잊지 말아야 한다.

(4) 4단계에서는 특히 인터넷쇼핑몰에서 고객의 상품구매에 따른 결제를 하기 위해서는 지불중계업체(PG, Payment Gateway)를 결정해야 하는데, 일반적으로는 인터넷쇼핑몰 호스팅 업체에서 대행해 준다.

(5) 5단계에서는 검색엔진에 등록해야 하고, 매월 키워드 광고를 해야 하는데, 검색엔진 등록비용은 평생비용으로 100만원 정도가 소요된다. 키워드 광고는 주로 다음(Daum), 네이버(Naver), 그리고 오버추어(Overture)에서 진행하게 된다. 검색엔진 등록과 키워드 광고도 임대형 인터넷쇼핑몰 전문업체에 문의하면 친절하게 도와준다.

☞ [YouTube 채널: 김영문_travel_and_sbiz]
본 내용과 관련하여 유튜브(YouTube)에 등록되어 있는 동영상 강좌는 다음과 같다.
① 전자상거래와 인터넷쇼핑몰의 이해
② 인터넷쇼핑몰 창업의 절차

27. 인터넷쇼핑몰 솔루션의 선정

일반적으로 인터넷쇼핑몰의 개발 및 운영은 직접구축 및 솔루션구입/ASP서비스 이용의 2가지 방법으로 가능하다(홍성근, 김동희, 2003). 하지만, 창업자가 직접 인터넷쇼핑몰을 개발하는 것은 거의 불가능하며, 이에 따라 다양한 인터넷쇼핑몰 전문기업에서는 무료 혹은 매월 일정액을 받고 인터넷쇼핑몰 창업에 필요한 다양한 솔루션(solution)을 제공해 주고 있다. 즉, 인터넷쇼핑몰 ASP(Application Service Provider) 서비스를 제공하고 있는 전문기업들을 통하여 인터넷쇼핑몰 창업을 하는 것이 편리한데, 현재 국내에는 아래의 전문기업들이 있다.

① 메이크샵(www.makeshop.co.kr)

② 카페24(www.cafe24.com)

③ 가비아(www.gabia.com)

④ 후이즈(mall.whois.co.kr)

⑤ 고도몰(www.godo.co.kr)

☞ [인터넷쇼핑몰 솔루션의 선정]

여러 인터넷쇼핑몰 솔루션 중에서 특정 기업의 솔루션을 선택할 때에 고려해야 하는 요소들은 다음과 같다.

① 인터넷쇼핑몰 솔루션의 인지도 및 시장점유율

② 인터넷쇼핑몰 솔루션이 프랜차이즈 사업을 지원하는지의 여부

③ 인터넷쇼핑몰의 개발 및 운영과 관련된 비용

④ 키워드 광고 및 매출향상의 지원 여부

⑤ 해외고객을 위한 인터넷쇼핑몰의 개발 및 운영 지원 여부

☞ [YouTube 채널: 김영문_travel_and_sbiz]

본 내용과 관련하여 메이크샵(makeshop)을 활용하여 인터넷쇼핑몰을 개발하는 방법에 대하여 유튜브(YouTube)에 등록되어 있는 동영상 강좌는 다음과 같다.

① 디자인 편집하기 및 웹 FTP의 활용

② 로고 및 메인이미지의 등록

③ 배너(링크) 등록 및 게시판 만들기

④ 고객센터 및 은행계좌 설정

⑤ 이벤트 설정

⑥ 대분류/중분류/소분류 만들기

⑦ 상품등록하기

⑧ 메이크샵(makeshop)의 다양한 기능

28. 인터넷쇼핑몰 창업의 성공전략 5가지

예비창업자가 소호(SOHO) 혹은 투잡스(two jobs) 형태로 인터넷쇼핑몰 창업에서 성공하기 위한 전략 5가지를 제시하면 다음과 같다(김영문, 2011).

(1) 구매력을 갖춘 목표고객을 선정하라.

구매력이 없는 고객은 아무리 많아도 소용이 없다. 그렇기 때문에 내가 운영하는 인터넷쇼핑몰은 어떤 고객을 대상으로 운영할 것인가를 결정해야 한다. 즉, 구매력을 갖춘 목표고객(target market)을 선정하고, 그 고객에 맞는 인터넷쇼핑몰을 구축해야 한다.

(2) 종합쇼핑몰보다는 전문쇼핑몰로 승부하라.

목표고객들이 빈번하게 구매하는 상품을 중심으로 하되, 개별 품목에서 다양한 구색의 상품을 준비할 수 있도록 한다. 즉, 소호 혹은 투잡스 창업의 경우에는 주로 재택 형태로 1~2명의 인력이 운영하기 때문에, 너무 많은 종류의 상품을 취급하는 것은 오히려 인터넷쇼핑몰의 경쟁력을 약화시킬 수 있다.

(3) 브랜드 인지도를 높이도록 홍보를 강화하라.

브랜드 인지도를 높이며, 특히 충성도가 높은 고객을 많이 확보하도록 하도록 해야 한다. 이를 위해서는 회원관리프로그램 혹은 CRM (Customer Relationship Management, 고객관계관리) 솔루션의 도입이 절대적으로 필요할 것이다.

(4) 온라인 상담 및 A/S, 상품의 배송 서비스를 향상시켜라.

인터넷쇼핑몰 이용자들이 가장 불만족하는 온라인 상담 및 A/S, 상품의 배송 서비스를 강화시킨다. 단순 게시판 혹은 메일상담 기능보다는 콜센터(call center) 혹은 화상상담 기능을 제공하고, 상품 배송 과정에 대한 정보도 수시로 메일 혹은 문자메시지로 제공해야 한다. 최근에는 365일 24시간 불을 밝히고 고객 전화를 받는 온라인쇼핑몰 기업들이 많아지고 있는 실정이며, 온라인쇼핑몰들이 반품서비스 경쟁에 이어 24시간 콜 센터까지 무한 서비스 경쟁에 돌입한 지는 이미 오래되었다(디지털타임스, 2011.5.31).

(5) 음성과 동영상 서비스를 강화하라.

단순히 이미지 및 텍스트 중심의 인터넷쇼핑몰에서 현재 홈쇼핑 채널의 콘셉트(concept)를 최대한 도입한다. 즉, 음성 및 동영상 쇼핑몰의 구축을 통해서 실제 백화점에서 상품을 보면서 구매하는 것과 같이 현실감이 넘치는 쇼핑몰을 구축하는 것을 고려해야 한다.

한편, 강현순(2006)은 인터넷쇼핑몰 창업의 성공을 위한 8계명을 다음과 같이 제시하고 있다. 이러한 사항들은 인터넷쇼핑몰 창업 전부터 고민해야 하며, 창업 후에도 지속적으로 명심해야 할 내용들이다.

① 자기만의 차별화된 아이템으로 승부하라.
② 온라인 판매 전에 e-마켓플레이스(혹은 오픈마켓) 등에서 현장 경험을 충분히 쌓아라.
③ 컴퓨터 및 인터넷 관련 실무지식을 습득한 후 창업하라.
④ 좋은 제품을 싸게 공급받을 수 있는 최상의 공급처를 확보하라.
⑤ 최신의 마케팅 기법은 신뢰임을 명심하라.
⑥ 빠른 배송과 포장 서비스를 차별화하라.
⑦ 오프라인보다 더욱 더 친절히 대하라.
⑧ 구매자의 불평이나 질문을 피드백으로 삼아라.

☞ [YouTube 채널: 김영문_travel_and_sbiz]
본 내용과 관련하여 유튜브(YouTube)에 등록되어 있는 [인터넷쇼핑몰 창업의 성공전략]를 검색하여 들어보세요.

29. 인터넷쇼핑몰 창업자의 사업자등록 및 신고사항

인터넷쇼핑몰을 창업하여 사업자등록을 할 경우 사업자등록(일반 또는 간이), 통신판매업 신고와 더불어 부가통신사업자 신고를 해야 한다. 사실, 이전에는 사업자와 통신판매업 신고만으로도 인터넷쇼핑몰의 창업이 가능하였으나 이제는 부가통신사업자 신고도 같이 해야 한다.

(1) 사업자등록

사업자등록은 창업자의 사업장 소재지 관할 세무서에서 하면 되는데, 개인사업자는 공급대가에 따라 간이과세자와 일반과세자로 구분된다. 공급대가는 재화와 용역의 교환가치와 그에 따른 부가가치세액을 포함한 금액을 말한다. 연간 매출액이 4천 8백만원 이상인 경우에는 일반과세자로, 4천 8백만원 이하는 간이과세자로 등록하면 된다.

(2) 통신판매업 신고

통신판매업 신고는 전기통신매체, 광고물 등을 통해 소비자와 직접 상거래가 이루어지는 통신판매업을 하고자 하는 경우 신고하는 민원사무이며, 각 사업장 소재지 관할 시, 군, 구청 지역경제과에서 하면 된다. 통신판매업 신고를 위한 양식은 창업길라잡이(cafe.daum.net/isoho2jobs)의 [문서&양식&논문◇설문지♤용어♤창업통계♤지식iN]

게시판에 등록되어 있다.

(3) 부가통신사업자 신고

부가통신사업자 신고는 중앙전파관리소(www.crmo.go.kr) 혹은 지역별 전파관리소에서 신청할 수 있다. 부가통신사업자 신고시 구비서류는 다음과 같은데, 자본금 1억원 이하의 창업기업은 신고할 의무가 없다.

① 부가통신사업신고서 1부
② 사업계획서 1부
③ 법인등기부 등본(법인), 사업자등록증 사본(개인) 1부
④ 사업용 주요 설비의 내역, 설치장소 및 통신망구성도 각 1부
⑤ 이용자 정보에 관한 보호대책(물리적 정보보호 대책, 개인 정보보호 대책) 1부

☞ **[참고]** 간혹 일부 예비창업자들은 사업자등록, 통신판매업 신고 등에 무관심한 경우가 있다. 하지만, 인터넷이라는 공간에서 상품과 서비스를 제공하고 돈을 받는 것이라면 그것이 무엇이든 사업자등록을 해야 하고 통신판매업 신고를 해야 한다는 것을 생각하는 것이 좋다. 또한 국세청(www.nts.go.kr) 홈페이지의 첫 페이지에서 [사업자등록 안내]를 클릭한 후에 왼쪽에 있는 사업자등록 신청, 제출서류 및 교부, 사업자등록 정정, 휴·폐업을 살펴보는 것이 필요하다.

☞ [YouTube 채널: 김영문_travel_and_sbiz]
본 내용과 관련하여 유튜브(YouTube)에 등록되어 있는 동영상 강좌는 다음과 같다.
① 사업자등록
② 전자상거래와 인터넷쇼핑몰의 이해

30. 인터넷쇼핑몰 분야의 프랜차이즈 솔루션 소개

일반적으로 인터넷쇼핑몰 창업을 하게 되면 창업자가 하나의 쇼핑몰을 만들어서 운영하게 된다. 하지만, 최근 임대형 인터넷쇼핑몰 전문업체에서는 기존 오프라인에서의 프랜차이즈 시스템처럼 운영할 수 있도록 해 주는 인터넷쇼핑몰 분야의 프랜차이즈 솔루션들을 개발하고 있다.

이렇게 되면, 인터넷쇼핑몰 창업자가 프랜차이즈 본사가 되어 전국적으로 가맹점을 모집할 수가 있으며, 상품판매 또한 본사 및 가맹점에서 동시에 판매가 될 수 있어 수익이 극대화될 수 있다는 것이다. 예를 들어, 메이크샵(makeshop)에서 개발한 4가지 종류의 인터넷쇼핑몰 프랜차이즈 타입은 메이크프랜(www.makefran.co.kr)에서 자세하게 소개하고 있다.

① A타입(본사 중심): "본사 중심" 운영 타입 서비스이며, 대리점을 모집하여 본사의 좋은 상품을 등록부터 발송까지 본사와 동일한 대리점 구축으로 일원화된 통합 프랜차이즈 네트워크를 구축할 수 있다.

② B타입(대리점 중심): "대리점 중심" 운영 타입 서비스이며, 본사는 대리점 구축 및 분양을 통하여 정책에 따른 관리와 프랜차이즈 시스템 운영이 가능하다. 대리점은 상품등록부터 결제 및 배

송까지 어떠한 운영형태로든 자유롭게 운영이 가능하다.

③ AB타입(중립형): “중립형” 운영 타입 서비스이다. 즉, 입점 대리점은 자체 상품 500개까지 등록이 가능하며, 본사의 상품과 운영 정책을 기반으로 대리점 구축 및 운영을 통하여 본사와 대리점 모두 함께 성공할 수 있는 네트워크를 구축할 수 있다.

④ O타입(오픈마켓&몰인몰): “오픈마켓&몰인몰” 운영 타입 서비스이다. 본사(오픈마켓)에 다수의 대리점(공급자)이 입점하여 직접 상품을 등록 및 판매할 수 있으며, 각 대리점이 주체가 되는 독립적인 상점 운영환경을 제공한다.

한편, 인터넷쇼핑몰 분야의 프랜차이즈 사업을 하기 위해서 생각해야 할 사항들은 다음과 같다.

① 가맹점으로부터 보증금을 받아야 하는데, 100만원 정도가 적당하다. 또한 6개월 이내에 가맹점의 운영을 자의에 의해 중단할 경우에 50% 정도 환불하는 것도 좋을 것이다.

② 가맹점 사이트의 운영 및 관리비(월 33,000원)는 가맹점이 부담하도록 하는 것이 좋으며, 가맹점 사이트에서의 매출에 대해 몇 %의 수수료를 지급할 것인가를 정해야 한다.

③ 가맹점 사이트에 대한 운영지침도 만들어야 하는데, 예를 들어, 매월 일정금액 이상의 키워드 광고를 진행하도록 한다. 또한 가맹점 사이트에서 100개까지의 상품을 등록할 때에는 협의를 하도록 하는 것도 필요하며, 본부에서 진행하는 교육에 정기적으로 참여하도록 하는 것도 필요하다.

☞ **[참고]** 인터넷쇼핑몰 분야의 프랜차이즈 사업을 하게 되면 무차별적으로 가맹점 모집에만 관심을 갖는 경우가 많다. 그것보다 더 중요한 것은 5개 정도만 모집하여 성공사례로 만드는 일이며, 그렇게 했을 경우 이후의 가맹점은 저절로 모집이 된다는 것이다.

31. 오픈마켓(open market) 창업의 성공전략

(1) 오픈마켓의 개념 및 종류

오픈마켓(open market)은 누구나 상품을 등록하여 판매할 수 있는 전자상거래 사이트이며, 국내 대표적인 오픈마켓은 다음과 같다. 이러한 오픈마켓들은 고객과 고객들이 상품을 등록하고 상품을 구매하는 C-to-C(Customer to Customer) 형태의 전자상거래사이트이며, 장기적으로 볼 때에 가장 성장가능성이 높은 전자상거래라고 할 수 있다.

① 옥션(www.auction.co.kr)

② G마켓(www.gmarket.co.kr)

③ 11번가(www.11st.co.kr)

④ 인터파크(www.interpark.com)

⑤ 쿠팡(www.coupang.com)

한편, 2020년을 기준으로 볼 때에 국내 이커머스(e-Commerce, electronic commerce) 시장 점유율은 네이버가 18%, 쿠팡이 13%, 이베이코리아(G마켓 · 옥션 · G9) 12% 수준인데(디지털투데이, 2021.6.25.), 최근 신세계그룹 이마트가 1세대 e커머스인 이베이코리아 지분 80.01%를 인수하면서 이커머스 시장에 큰 변화가 예상되고 있다. 이에 따라서 오픈마켓 혹은 이커머스 창업자는 이러한 시장의 변화를 수시로 파악하면서 오픈마켓 창업의 전략을 수립하는 것이 필요할 것이다.

(2) 오픈마켓 창업에서의 성공전략

국내 대표적인 오픈마켓(open market)에는 마치 사막에서 오아시스를 찾으려는 사람들처럼 성공신화를 쫓는 예비창업자들이 몰려들고 있다. 그렇지만, 적어도 90% 이상은 한 달 평균 30만원도 벌지 못하고 떠나고 있는데, 그 원인을 잘 살펴보면 상품을 등록하고 판매하는 데에만 신경을 쓴다는 것이다. 이에 따라 오픈마켓 창업에서의 성공전략을 살펴보면 다음과 같다.

① 우수 판매자들의 상품을 많이 구매해 보는 것이 필요하다. 경매에도 참여하면서 구매를 해 봐야 잘 판매하는 방법을 배울 수 있다는 것이다. 특히 우수 판매자들의 물품 상세페이지를 열심히 보면서 포토샵 작업을 어떻게 했는가를 분석해야 한다.

② 판매할 제품을 잘 개발해야 한다. 월별·계절별로 판매할 다양한 아이템을 개발해야 하는데, 그렇게 하기 위해서는 국내 및 해외도매시장에 대한 조사를 지속적으로 해야 한다. 초보판매자는 현재 보유하고 있는 상품의 판매에만 신경을 쓰지만, 우수 판매자들은 다음 달 혹은 몇 달 후에 판매할 상품의 개발에 많은 시간을 보낸다는 것이다.

③ 판매할 제품의 조달이 잘 되어야 한다. 안정적인 가격에 지속적으로 조달이 되어야 한다는 것인데, 이를 위해서는 제조 및 도매상인들과의 인맥형성이 잘 되어 있어야 한다.

④ 판매할 제품의 전문가가 되어야 한다. 즉, 자신이 잘 알고 있는

제품을 판매해야 한다. 다른 판매자들이 잘 팔고 있는 상품보다는 창업자가 자신 있는 상품을 개발하여 차별화를 시키는 것이 더 중요하다는 것이다.

⑤ 다른 판매자들을 꾸준히 접촉하고 교류한다. 온라인 및 오프라인에서의 창업카페에 가입하여 모임에 자주 참석하다 보면 좋은 정보를 얻을 수 있고 또한 기존 판매자의 상품도 좋은 조건에 공급받을 수 있다.

⑥ 부담 없이 누구나 구매할 수 있는 아이템을 판매하는 것이 좋은데, 특별한 아이템에는 구매자가 적다는 것을 생각해야 한다. 특히 초보창업자의 경우에는 대중적인 아이템 중에서 가격, 품질 등에서 경쟁력이 있는 제품을 선택하는 것이 필요하다.

⑦ 옥션, G마켓, 11번가 등에서의 상품등록은 무척 쉽다. 포토샵 작업은 어느 정도의 실력이 필요하지만, 돈을 주고 포토샵 작업을 해도 된다는 것이다. 그렇기 때문에 집에 있는 중고상품 혹은 1,000원 상품을 구매한 후에 일단 등록하여 판매를 해 보는 것이 중요하다는 것이다.

☞ [YouTube 채널: 김영문_travel_and_sbiz]

본 내용과 관련하여 유튜브(YouTube)에 등록되어 있는 동영상 강좌는 다음과 같다.

① 옥션 상품등록 및 판매

② 옥션/G마켓 창업의 성공전략

③ 옥션/G마켓 창업의 매출증대 전략

④ 오픈마켓(옥션)의 이해 및 성공전략

32. 옥션과 G마켓에 상점 개설

창업기업에서 생산하거나 판매하는 제품을 단순히 홍보의 차원을 넘어 고객들에게 판매하려고 할 때에 가장 쉽게 시작할 수 있는 방법은 옥션에 스토어(store)를 개설하거나 G마켓에 미니샵(minishop)을 개설하여 상품을 등록 및 판매하는 것이라고 할 수 있다.

(1) 옥션 스토어의 개설

옥션은 [홈]-[회원정보]-[회원전환] 메뉴에서 스토어 정보를 입력함으로써 스토어를 개설할 수 있는데, 아래 3가지의 정보를 입력하면 된다([그림 5] 참조). 또한, 옥션 판매회원이라면 회원가입 시 기본정보 입력만으로 스토어베이직이 무료로 개설되며, 다양한 꾸미기 기능과 보다 많은 상품 전시를 원한다면 스토어플러스(5만원/월)를 이용할 수도 있다.

① 스토어 이름
② 스토어 주소
③ 스토어 소개

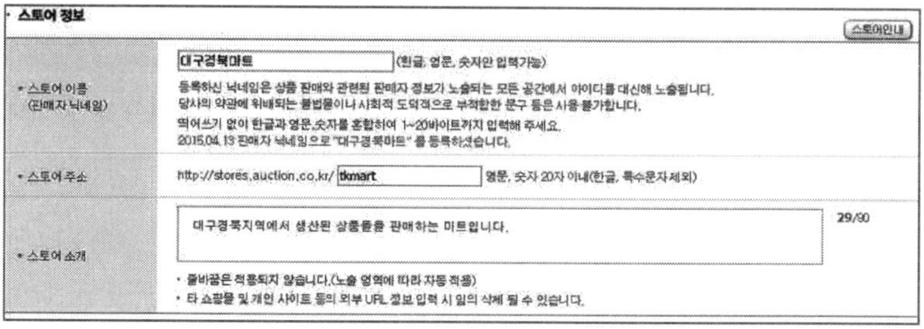

[그림 5]　옥션 스토어의 개설

(2) G마켓 미니샵의 개설

G마켓 미니샵은 회원아이디로 미니샵이 자동 생성되는데([그림 6] 참조), [판매관리]－[미니샵/스토어관리]에서 관리할 수 있다. 예를 들어, [미니샵/스토어관리]－[정보관리]－[기본정보관리]에서 [Shop 이름]을 변경할 수 있다 ([그림 7] 참조).

[그림 6]　G마켓 미니샵의 개설

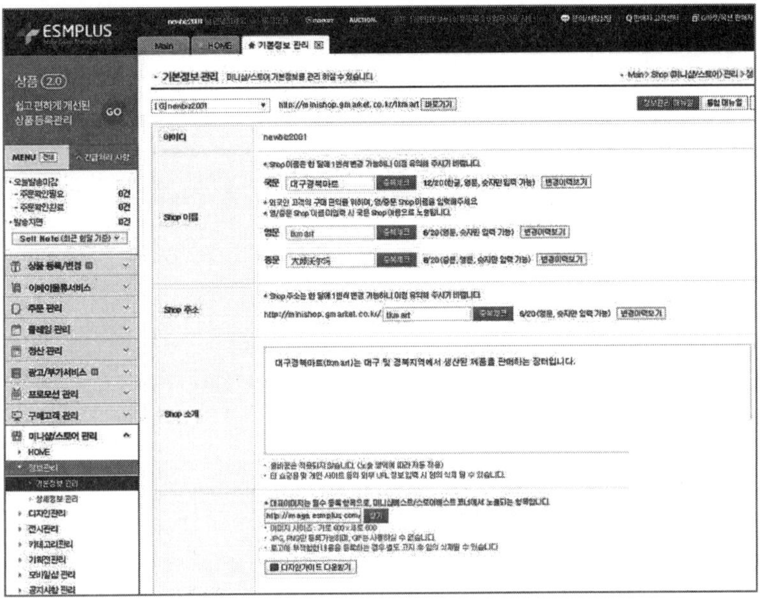

[그림 7] G마켓 미니샵의 관리

33. SNS의 개념 및 종류

(1) SNS의 개념

SNS(Social Network Service, 소셜 네트워크 서비스)는 온라인 인맥구축 서비스로 출발되었다. 즉, SNS는 1인 미디어, 1인 커뮤니티, 개인 간의 정보 공유 등을 포괄하는 개념이며, 참가자가 서로에게 친구를 소개하여, 친구관계를 넓힐 것을 목적으로 개설된 커뮤니티형 웹사이트라고 할 수 있다(위키백과, ko.wikipedia.org). 또한, 보이드와 엘리슨(Boyd & Ellison, 2008)은 SNS를 “개인들로 하여금 특정 시스템 내에 자신의 신상 정보를 공개 또는 준공개적으로 구축하게 하고, 그들이 연계를 맺고 있는 다른 이용자들의 목록을 제시해 주며, 나아가 이런 다른 이용자들이 맺고 있는 연계망의 리스트, 그리고 그 시스템 내의 다른 사람들이 맺고 있는 연계망의 리스트를 둘러볼 수 있게 해주는 웹 기반의 서비스(web-based services)”라고 정의하였다.

이러한 SNS에 대한 다양한 정의들을 종합적으로 고려할 때, SNS는 먼저 인맥형성을 목적으로 개설된 웹사이트에서 공통의 관심이나 활동을 지향하는 일정한 수의 사람들이 일정한 시간 이상 공개적으로 또는 비공개적으로 자신의 신상 정보를 드러내고 정보 교환 및 교류를 수행함으로써 대인관계망을 형성토록 해 주는 웹 기반의 온라인

서비스로 정의될 수 있다.

(2) 인터넷창업이 가능한 SNS의 종류

SNS를 단순히 인맥형성 및 홍보를 위한 수단의 관점을 넘어 SNS를 활용한 인터넷창업이라는 관점에서 생각해 보면, 일반적인 관점에서의 SNS 및 포괄적인 관점에서의 SNS의 두 가지로 구분할 수 있다.

(2.1) 일반적인 관점에서의 SNS

일반적인 관점에서 생각할 수 있는 소셜 네트워크 서비스(Social Network Service)의 종류는 아래와 같다.

① 트위터(www.twitter.com)

② 페이스북(www.facebook.com)

③ 한국어트위터(www.twtkr.com)

④ 밴드(band.us)

⑤ 텀블러(www.tumblr.com)

⑥ 마스토돈(mastodon)

이러한 사이트들에 가입하여 효과적인 활용방법을 습득한 후에 어떻게 사용하는 것이 창업기업의 홍보, 광고 및 상품판매에 도움이 되는지를 파악하는 것이 필요한데, 최근에는 소셜 네트워크 서비스의 이용자가 급속하게 증가하고 있는 실정이다. 예를 들어, 트위터 및 페이스북은 페이지뷰 기준으로 2010년 1월에서 2011년 8월까지 수십배 이상 트래픽이 증가하고 있는 것으로 조사되었다(뉴스토마토, 2011.9.

16.). 이러한 통계는 SNS를 이용하고 있는 사람들이 크게 증가하고 있다는 것을 설명하고 있으며, SNS는 인맥형성의 차원을 넘어 인터넷창업의 목적으로도 충분히 활용될 수 있다는 것을 의미하기도 한다.

(2.2) 포괄적인 관점에서의 SNS

아직도 많은 사람들은 SNS를 트위터, 페이스북, 밴드 등을 중심으로만 생각하는 경향이 있는데, 인터넷을 활용하는 온라인(on-line)에서 인맥의 형성, 교류 및 협력 등을 조금 더 넓은 관점에서 생각해 보면 아래의 웹사이트들도 SNS의 범위에 직·간접적으로 포함시킬 수 있다. 또한 위에서 언급하였듯이, 전통적인 홍보 및 광고뿐만 아니라 다른 웹사이트의 추가적인 지원 없이 하나의 인터넷창업 사이트로 독립적으로 활용할 수 있다면, 그러한 사이트들은 포괄적인 관점에서 SNS에 포함시킬 수 있을 것이다.

① 카페(cafe): 다음(Daum)과 네이버(Naver)에서 누구나 무료로 개설할 수 있는데, 카페는 커뮤니티형 SNS라고 할 수 있다. 즉, 특정 주제 혹은 이슈에 관심이 있는 사람들이 하나의 커뮤니티(community)를 형성하여 회원들이 상호 교류하면서 유익한 정보를 공유하고, 상호 인맥을 형성하고, 제휴와 협력도 하게 된다. 또한 다음(Daum)과 네이버(Naver)에는 상품등록게시판을 개설한 후에 상품을 등록하여 판매할 수 있는 기능 및 결제 기능을 함께 제공하고 있어 독립적인 인터넷창업이 충분히 가능한 SNS의 범주에 포함시킬 수 있다.

② 블로그(blog): 1인 미디어의 형태로 운영이 되고 있지만, 댓글과

스크랩 기능 등을 활용하여 상호 교류를 할 수 있는 SNS의 요소를 갖고 있다. 최근에는 다양한 결제시스템의 개발로 인해 블로그를 활용한 홍보 및 광고 외에도 상품판매도 확산되고 있는 실정이다. 또한 방문자가 많아 영향력이 큰 인터넷 블로그를 운영하는 사람인 파워 블로거(power blogger)들의 경우에는 인맥 형성 외에도 특정 제품의 판매에 대해 직간접적으로 영향을 미치고 있어서 포괄적인 관점에서의 SNS에 포함시킬 수 있다. 최근에는 블로그를 활용하여 상품을 직접 판매하고 있는 사례도 점차 증가하고 있다.

③ 유튜브(Youtube): 유튜브의 Your Channel 메뉴에서는 본인이 등록한 모든 동영상(UCC)들을 관리할 수 있으며, 공유 및 댓글 등을 활용하여 다른 사람들과 인맥을 형성하거나 유익한 정보들을 공유할 수 있는 SNS의 요소를 갖고 있다. 예를 들어, 유튜브에 있는 저자의 Your Channel(김영문_travel_and_sbiz)을 보면, 431명의 구독자들이 있는데, [구독자]를 클릭한 후에 댓글, 메시지 등을 활용하여 구독자들과 인맥형성 및 교류를 할 수 있는 SNS의 요소가 있다. 특히 관심이 있는 동영상에 대해 구독(subscribe)을 함으로써 유튜브의 동영상 등록자들과 인맥을 형성할 수 있으며, 메시지도 서로 주고받을 수 있다.

또한 최근에는 인터넷 무료 동영상 공유 사이트인 유튜브(YouTube)에서 활동하는 개인 업로더들을 지칭하는 유튜버(YouTuber)의 경우에는 다양한 구독자들과 인맥을 형성하면서 본인이 직접 만들어서 업로드하는 동영상을 활용하여 많은 수

입을 올리고 있는 사례들도 점차 증가하고 있기 때문에, 유튜브(YouTube)는 SNS의 범주에 포함시킬 수 있으며 유튜버(YouTuber) 역시 SNS를 활용한 인터넷창업의 사례라고 할 수 있다.

☞ [YouTube 채널: 김영문_travel_and_sbiz]
본 내용과 관련하여 유튜브(YouTube)에 등록되어 있는 동영상 강좌는 다음과 같다.
① SNS의 종류와 활용
② SNS를 활용한 홍보와 광고 그리고 상품판매

34. 트위터와 인스타그램의 이해와 활용

(1) 트위터(twitter)

트위터(twitter)는 블로그의 인터페이스(interface)와 미니홈페이지의 친구 맺기 기능, 메신저 기능을 한데 모아놓은 소셜 네트워크 서비스(Social Network Service: SNS)로서 2006년 7월 서비스를 시작하였다(네이버 용어사전, terms.naver.com). 트위터의 주요 기능은 다음과 같으며,

[그림 8] 트위터

구체적인 사용 방법은 트위터 사용(help.twitter.com/ko/ using-twitter)에서 확인할 수 있다([그림 8] 참조).

① 팔로잉(following): 상대방의 동의 없이 내가 원하는 사람들을 친구로 추가하여 그 사람이 등록한 글 혹은 사진들을 볼 수 있다.

② 팔로워(followers): 나의 소식을 전해 듣고자 하는 사람이 나를 친구로 추가하는 것을 말한다.

③ 트윗하기: 기존에는 140자 이내의 단문과 더불어 사진, 동영상 등을 등록할 수 있었다. 하지만, 2017년 11월 7일부터 280자 확장을 전 세계에 순차적으로 적용했다. 그러나 아직도 한국어, 일본어, 중국어는 140자 그대로이다.

④ 리트윗(RT): 트위터의 가장 대표적인 기능이라고 할 수 있으며, 다른 사람이 등록한 글들을 나의 팔로워(followers)들에게 공유하는 기능이다.

한편, 트위터(twitter)를 활용하여 인터넷창업을 할 때에 생각해야 할 것은 다음과 같다.

① 판매하고자 하는 상품의 사진 및 동영상을 첨부할 수 있다.

② 트위터에 상품을 등록할 때마다 해시태그(#)를 활용함으로써 조회 수가 증가되도록 할 수 있다.

☞ **[트위터의 효과적인 활용]**

정봉순의 스마트 라이프(http://jsblab.com/30088404899)에는 트위터의 활용에 필요한 유익한 정보가 있다.

☞ [트위터를 활용한 인터넷창업의 사례]

① 신나라레코드(twitter.com/synnararecord)에서는 음반 관련 상품을 신나라레코드 앱(m.synnara.co.kr)과 연동시켜서 판매하고 있다.

② 이딴가게(twitter.com/ittanstore)에서는 피규어(figure) 제품들을 이딴가게(ittanstore.com)와 연동시켜서 판매하고 있다.

③ 애니플러스(twitter.com/ANIPLUSTV)에서는 일본의 애니메이션을 애니플러스(www.aniplustv.com)에서 연계시켜서 콘텐츠 유통 사업과 상품화 사업을 진행하고 있다.

(2) 인스타그램

인스타그램(www.instagram.com) 은 친구 혹은 가족과 사진, 동영상 및 메시지를 간편하고 재미있게 캡처, 수정 및 공유할 수 있도록 지원하는데, 이를 통해 인맥을 형성하고 교류할 수 있다. 또한 고객센터(help.instagram.com)에 접속하면 [Instagram 사용]에서부터 [비즈니스용 Instagram]에 대해 구체적으로 안내하고 있는데, 인스타그램을 페이스북 페이지와 연동시켜서 상품판매를 할 수 있도록 지원하고 있

[그림 9] INSTAGRAM 쇼핑

다. 자세한 것은 INSTAGRAM 쇼핑(business.instagram.com/shopping)의 [설정 가이드]에서 확인할 수 있다([그림 9] 참고).

☞ [YouTube 채널: 김영문_travel_and_sbiz]
본 내용과 관련하여 유튜브(YouTube)에 등록되어 있는 동영상 강좌는 다음과 같다.
① 트위터를 활용한 인터넷창업
② 인스타그램(Instagram)을 활용한 인터넷창업

35. 다음(Daum)과 네이버(Naver) 카페로 창업하고 돈 벌기

카페는 하나의 커뮤니티로만 사용되었지만, 카페는 동시에 회원들을 대상으로 상품과 서비스를 판매하는 창업의 핵심도구로서 사용될 수 있다. 즉, 카페로 창업을 하고 돈을 벌 수 있다는 것인데, 일반적으로 다음과 같은 절차를 따라 하면 된다.

(1) 카페의 주제를 결정한 후에 카페 만들기

카페의 주제는 무엇을 하는 카페인가로부터 출발하는 것이며, 카페의 주소는 창업길라잡이와 같이 cafe.daum.net/isoho2jobs의 형식으로 만들게 된다. 아울러 카페 이름은 6개월에 한 번씩 변경이 가능하지만, 카페 주소는 변경이 불가능하다. 카페를 한 번도 만들어보지 않은 초보창업자들은 창업길라잡이(cafe.daum.net/isoho2jobs)의 [HTML◇포토샵◇PC◇카페◇옥션&G마켓 강의실] 게시판 5~6번 글을 참조하면 쉽게 카페를 만들 수 있다.

카페를 만들 때에 중요한 것은 메뉴를 정하는 것인데, 현재 회원이 1만명이 넘는 카페를 벤치마킹하는 것이 가장 좋은데, 각 게시판별로 권한(읽기, 쓰기, 꼬리말쓰기) 설정이 매우 중요하다. 또한, 게시판의 용도에 따라 권한(읽기, 쓰기, 꼬리말쓰기)이 달라져야 한다는 것이다. 한

가지 명심할 것은 다음(Daum)에서 손님은 카페에 가입하지 않은 사람을 말하는데, 손님에게는 어떤 권한(읽기, 쓰기, 꼬리말쓰기)도 주어서는 안 될 것이다. 즉, 카페에 가입하지 않은 손님에게 글을 읽거나, 글을 쓰거나, 꼬리말쓰기 권한을 주게 되면 회원이 증가되지 않기 때문이다.

(2) 카페에 다양한 콘텐츠 등록하기

콘텐츠는 크게 텍스트(글), 이미지(사진), 동영상(UCC) 등으로 분류할 수 있는데, 포털을 비롯한 다른 사이트에서 검색하여 정리할 수도 있고, 창업자가 직접 만들어서 등록할 수도 있다. 아울러 콘텐츠는 카페와 직접 관련된 것들도 좋고 요즈음 많은 사람들이 관심을 갖고 있는 콘텐츠도 좋은데, 적어도 하루에 20개의 콘텐츠가 등록되도록 해야 한다.

콘텐츠를 등록할 때에는 제목을 잘 만드는 것이 필요하며, 특히 카페에서 블로그로 콘텐츠를 등록할 때에는 복사(Ctrl+C)하여 붙이기(Ctrl+V)를 하지 말고, 직접 스크랩하기 기능을 사용하면 블로그에 카페의 주소가 나타나게 된다. 이를 통해 블로그에 접속한 사람들이 카페로 접속하도록 하는 효과도 있다.

(3) 포토샵과 HTML을 활용하여 카페를 꾸미기

카페를 꾸미기 위해서는 사진형 대문만들기와 포토샵과 HTML을 활용한 대문만들기로 구분할 수 있는데, 사진형 대문만들기는 [대문만들기]-[쉬운 꾸미기]-[사진형]의 순서로 진행하면 된다. 하지만, 포토샵과 HTML을 활용한 대문만들기는 상당한 실무지식이 필요하는데 초보창업자들은 포토샵과 HTML에 대해 먼저 배워야 한다. 사실, 사진형 대문만들기로 만든 카페의 경우에는 초보카페라고 생각되어 일반 네티즌들이 외면하는 것이 현실이며, 그래도 포토샵과 HTML로 만든 카페에 상대적으로 네트즌들이 많이 가입하게 된다는 것이다.

(4) 카페 회원을 늘리기

카페로 창업하고 돈을 벌기 위해서는 회원들이 많아야 하는데, 우선은 3,000명 이상은 되는 것이 좋고, 회원이 1만명이 넘으면 상당한 수입이 가능하다. 카페 회원을 늘리기 위해서는 우선 다양한 행사, 교육, 모임 등을 지속적으로 개최하는 것이 필요하며, 언론보도자료를 만들어서 배포하는 것도 중요하다.

아울러, 다음과 네이버의 관련 카페에 가입하여 홍보하는 것도 필요하며, 관공서 혹은 언론사의 사이트에서 홍보하는 것도 효과가 좋다. 또한 포스트맨(www.postman.co.kr)을 활용하여 문자 혹은 e-메일을 발송하는 것도 좋은데, 허락을 받는 사람에게만 보내야 한다는 것을 알아야 한다.

아마 카페의 회원을 늘리기 위한 가장 효과적인 방법은 카페초이스와 키워드 광고를 진행하면 되는데, 카페초이스는 다음(Daum)에서 카페를 홍보하기 위한 광고(전화: 1566-2100)이다. 또한 키워드 광고는 다음(Daum)뿐만 아니라 네이버(Naver, 전화: 1588-5896)에서도 진행할 수 있다. 한 달에 5만원 정도의 광고비만 투자하면 카페회원을 늘리는데 상당히 도움이 된다.

(5) 카페를 통한 다양한 수익을 창출하기

카페에서 돈을 벌 수 있는 방법은 전체 회원들을 대상으로 홍보 메일을 보낼 수도 있으며, 광고배너를 게재할 수도 있다. 교육수입도 큰 부분이며, 다양한 결제솔루션을 활용하면 기존의 인터넷쇼핑몰과 같이 상품판매와 신용카드 결제도 가능하다.

게시판의 개설을 통한 수익창출뿐만 아니라 행사 및 홍보를 대행하는 것도 가능하다. 아울러, 컨설팅을 통한 수익창출, 카페 간의 제휴를 통한 수익창출 등 다양한 수익모델이 있다.

☞ [YouTube 채널: 김영문_travel_and_sbiz]

본 내용과 관련하여 유튜브(YouTube)에 등록되어 있는 동영상 강좌는 다음과 같다.

① 네이버 카페(cafe)만들기

② 카페(cafe)를 활용한 창업

36. 카페, 블로그 및 SNS에서의 결제솔루션

최근 카페, 블로그 및 SNS를 활용한 상품판매가 활성화되면서 다양한 결제기능이 개발 및 등장하고 있는데, 카페, 블로그 및 SNS를 활용하여 인터넷창업을 하기 위해서는 어떤 종류의 결제기능을 사용할 것인가를 결정해야 한다.

(1) 유니크로의 거래프로세스

SNS에서 상품을 등록하고 판매하기 위해서는 블로그, 카페 등 SNS 마켓에 결제서비스를 제공하고 있는 유니크로(www.unicro.co.kr)의 거래프로세스를 활용하면 되는데, 유니크로에서는 블로그(웹 혹은 모바일)에서 고객들이 구매한 상품에 대해 신용카드, 실시간계좌이체 및 무통장 입금으로 결제를 할 수 있는 [주문링크]를 제공하고 있다.

(2) 마이소호를 활용한 결제 플랫폼

전자상거래 통합솔루션 메이크샵(makeshop)을 운영하는 코리아센터에서도 모바일 SNS 전용 마이소호(www.mysoho.com) 원스톱 스타트 패키지를 론칭했다(뉴시스, 2019.9.10.). 마이소호는 페이스북, 인스타그램, 카카오스토리, 카페, 블로그 등의 SNS 채널을 통해 보다 쉽게 상품을 판매할 수 있도록 특화된 SNS전용 모바일 쇼핑몰 플랫폼이라고 할 수 있는데, 모든 SNS 채널에 상품 주문 및 결제를 위한 링크기능을 제공한다. 즉, 판매자는 마이소호를 통해 주문서를 생성하고, 구매자에게 주문서를 전달해 빠르고 간편하게 결제를 진행할 수 있다. 고객들은 SNS를 통해 접한 제품을 사기 위해 쇼핑몰을 방문해 회원가입이나 기타 절차 없이 주문과 결제가 가능하다.

한편, 마이소호의 주요 특징을 살펴보면 다음과 같다(디지털타임즈, 2017.6.1.). 첫째, 메이크샵은 SNS에서 상품을 판매하는 이들이 모든 상품에 주문 및 결제 링크를 걸 수 있도록 솔루션을 개발했는데, 이 솔루션을 활용하면 마이소호 관리자는 페이스북, 인스타그램, 카카오스토리 등 SNS에서 이뤄진 주문, 배송 처리를 한번에 관리할 수 있다.

둘째, 솔루션 이용료, 카드결제시스템 가입비는 따로 받지 않으며, 상품의 등록 및 판매 가능한 상품 개수도 무제한이다. 아울러, 스마트폰으로 관리하는 판매자 앱(app)도 별도로 제공한다.

셋째, 신용카드, 실시간계좌이체, 가상계좌, 에스크로, 간편결제, 무통장 입금 등 다양한 결제수단을 적용할 수 있으며, 주문자와 판매자에게 주문 및 배송 상태를 알리는 SMS(short message service), 메일, 앱 푸시 알림 서비스도 이용 가능하다.

(3) 페이몰을 활용한 간편결제

페이몰(www.pay-mall.co.kr)에서 제공하고 있는 블로그 결제 서비스는 따로 쇼핑몰이 없어도 주문 결제 링크로 결제할 수 있는 서비스이며, 블로그나 인스타그램, 카카오스토리, 페이스북 등 다양한 SNS에서 상품 판매가 가능하다. 또한 가맹점에게는 결제하기 버튼을 제공하고 상품의 옵션 등록·결제·배송내역 등을 확인할 수 있도록 지원하고 있다(이튜뉴스, 2019.5.26.).

한편, 블로그 결제 서비스는 SNS에서 사용할 주문 링크를 생성해야 하는데, 주문 링크는 페이몰 홈페이지에서 신청할 수 있다. 주문 링크를 생성하기 위해서 먼저 배송비 설정 후 상품을 등록하고 상품정보 및 제품 사진을 등록하며, 모든 등록이 끝나면 주문 링크를 생성할 수 있다. 또한 생성된 주문 링크는 복사하여 사용하면 된다.

(4) 기타 간편 결제 서비스

최근 다양한 SNS를 활용한 상품판매를 비롯한 인터넷창업에 대한 관심이 크게 증가하고 있는 상황에서, 다양한 간편 결제 서비스들이 개발 및 출시되고 있는 실정이다. 이에 따라 먼저 어떤 간편 결제 서비스들이 있는가를 조사한 후에 본인에게 가장 적합한 결제 서비스를 채택하여 활용하는 것이 필요할 것이며, 아울러 고객의 입장에서도 신뢰할 수 있는 결제 서비스인가를 확인하는 것이 필요하다.

☞ [YouTube 채널: 김영문_travel_and_sbiz]
본 내용과 관련하여 유튜브(YouTube)에 등록되어 있는 [SNS에서의 다양한 결제기능 및 활용사례(블로그 상품판매)]를 검색하여 들어보세요.

37. 네이버 카페를 활용한 전자상거래

네이버(Naver) 카페를 활용하여 전자상거래를 하기 위해서는 [상품등록게시판]을 적극적으로 활용해야 한다. 즉, 상품등록게시판은 네이버(Naver) 및 다음(Daum) 카페에서 추가하여 사용할 수가 있는데, 네이버 카페에서 [상품등록게시판]을 추가한 후에 상품을 판매하는 방법에 대해서 설명하면 아래와 같다. 다음(Daum) 카페에서의 방법도 거의 동일하게 하면 된다.

한편, 2009년부터 네이버 카페에서는 [상품등록게시판]을 통한 이용자 간 거래를 권장하고 있는데(국제뉴스, 2015.9.16.), 네이버 카페에서 이용자 간 사기 거래에 의한 피해를 방지하기 위해서 [상품등록게시판]의 사기 가능성이 높은 게시글에는 알림 표시를 강화하고 있는 실정이다. 예를 들어, 네이버 카페의 [상품거래게시판]에 등록된 게시글 중에서 안전거래를 활용하지 않거나, 해외에서 작성된 경우, 그리고 본인인증을 하지 않은 판매자의 글에는 자동으로 이용자에게 주의문구가 노출되도록 하고 있다.

(1) 상품등록게시판의 추가

[그림 10]은 네이버 카페의 카페관리 > 메뉴 > 메뉴관리 화면인데, 왼쪽 메뉴 종류에서 새롭게 추가된 상품등록게시판을 확인할 수 있

다. 기존의 게시판 생성 방법과 동일하게 상품등록게시판을 선택한 후에 [추가]를 클릭하면 된다. 물론 상품등록게시판의 이름은 창업자가 주로 판매하고자 하는 제품의 종류 등으로 얼마든지 변경이 가능하다.

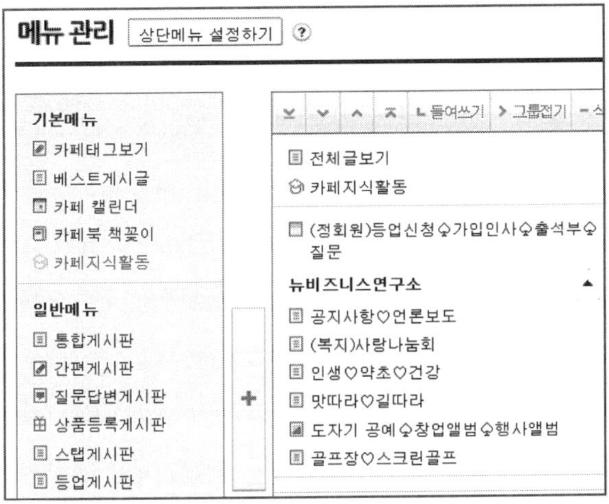

[그림 10] 상품등록게시판 추가

또한 [그림 11]에서와 같이 메뉴기본설정에서 메뉴명과 메뉴설명을 입력한 후, 해당 게시판에서 사용할 거래종류(개인거래 혹은 공동구매)를 선택한다. 다만, 저장을 완료한 후에는 거래종류는 변경할 수가 없다.

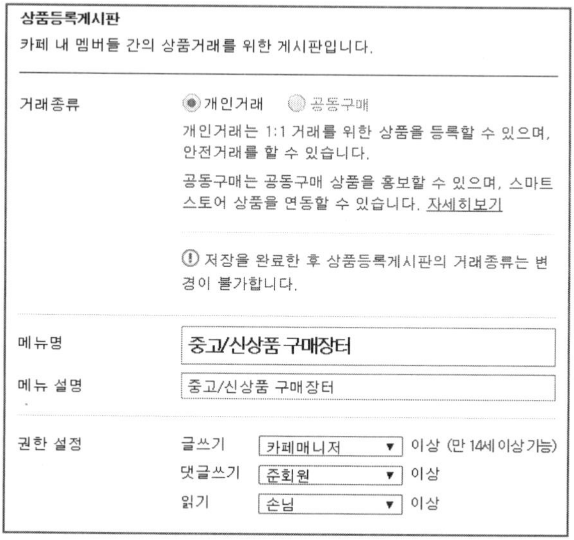

[그림 11] 거래종류의 설정

(2) 상품의 등록 및 판매

앞에서 추가한 [상품등록게시판]에 판매하고자 하는 다양한 상품을 등록하면 되는데, 이를 활용하여 상품을 판매하는 구체적인 절차는 아래와 같다.

① [상품등록게시판]을 추가한 후에 게시판의 이름을 [중고/신상품 구매장터]로 설정한다. 게시판의 이름은 판매하고자 하는 상품의 종류에 맞게 설정하면 된다.

② [중고/신상품 구매장터] 게시판에 판매하고자 하는 상품을 등록하면 되는데, 거래방법은 안전거래 혹은 직접거래 중에서 하나

[그림 12]　상품등록게시판을 활용한 상품의 등록 및 판매

를 선택할 수 있다.

③ 카페의 메인(대문)에서 상품판매에 대한 홍보를 진행한다. 예를 들어, [그림 12]에서 보듯이 상품등록게시판의 이름을 [중고/신상품 구매장터]로 하여 안전거래를 선택한 후에 상품을 등록하면, 고객들은 무통장, 계좌이체, 신용카드로 결제할 수 있다.

이것에 대한 자세한 내용은 뉴비즈니스연구소 카페(cafe.naver.com/ihavetwojobs)에서 확인할 수 있는데, 카페에서도 얼마든지 상품을 판매할 수 있다는 것을 보여주고 있다. 또한 한 줄에 5개의 상품이미지를 등록한 후에 4줄로 만들어서 20개의 상품이미지를 등록해 보았다. 이렇게 하면, 카페의 첫 페이지를 마치 인터넷쇼핑몰과 같이 만들어서 상품을 판매할 수 있다.

☞ **[참고]** Daum카페에서도 [상품등록게시판]을 추가하여 상품판매를 할 수 있으며, 향후 카페와 블로그에서의 상품등록 및 판매는 급속하게 확대될 것으로 전망된다.

☞ [YouTube **채널: 김영문**_travel_and_sbiz]

본 내용과 관련하여 유튜브(YouTube)에 등록되어 있는 동영상 강좌는 다음과 같다.

① 네이버 카페로 인터넷쇼핑몰 만들기

② Daum카페 만들기+상품판매하기

38. 블로그에서의 상품판매 및 결제

블로그에서 상품을 등록하고 판매하기 위해서는 블로그, 카페 등 SNS 마켓에 결제서비스를 제공하고 있는 유니크로(www.unicro.co.kr)의 거래프로세스를 활용하면 되는데, 유니크로에서는 블로그(웹 혹은 모바일)에서 고객들이 구매한 상품에 대해 신용카드, 실시간계좌이체 및 무통장 입금으로 결제를 할 수 있는 [주문링크]를 제공하고 있다.

한편, 네이버에서는 블로그에 판매물품에 대한 정보 제공, 네이버페이를 활용한 결제 기능, 배송 조회 등이 가능한 커머스 도구를 제공하기로 하고, 2021년 1월부터 사업자등록을 마친 블로그에 대해 블로그 마켓의 적용을 확대하기로 했다(전자신문, 2020.12.01.). 네이버의 블로그 마켓(blog.naver.com/blogpeople/222159630038)에서 자세한 내용을 확인할 수 있는데([그림 13] 참조), 결제 내역과 배송상태는 네이버페이(Naver Pay)의 결제내역에서 실시간 조회가 가능하도록 하고 있다. 이에 따라 결제 기능이 설치되어 있는 블로그를 활용한 인터넷창업이 점차 활성화될 것으로 판단된다.

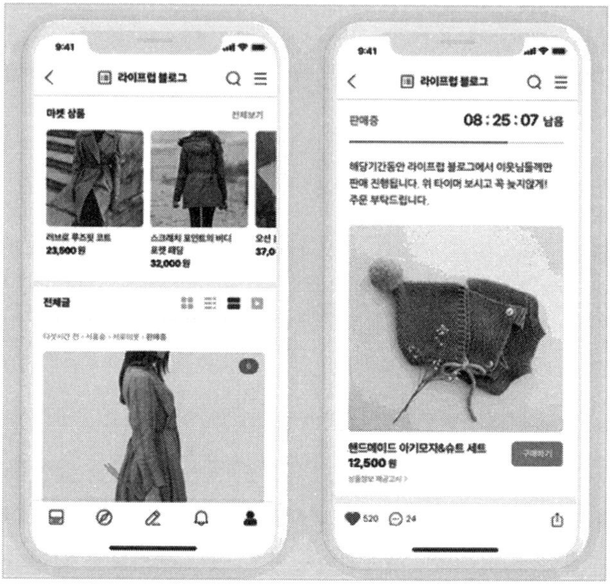

[그림 13] 네이버의 블로그마켓

☞ [YouTube 채널: 김영문_travel_and_sbiz]

본 내용과 관련하여 유튜브(YouTube)에 등록되어 있는 동영상 강좌는 다음과 같다.

① 블로그의 개발 및 운영

② 블로그에서의 상품판매 및 결제

39. 제휴마케팅의 이해와 활용

제휴마케팅(affiliate marketing)은 웹 비즈니스(상품 판매/광고) 촉진 기법의 하나로서, 웹사이트 발행자(affiliate, publisher)가 그의 노력에 의해 파트너의 웹사이트에 새로 방문자, 회원, 고객, 매출을 발생시키면, 그 웹사이트 발행자는 소정의 보상을 받는 식의 마케팅 기법을 말한다. 특히, 여러 다른 부류의 기업과 개인들이 모여 이러한 형태의 인터넷 마케팅을 펼치는 것을 말할 때 제휴마케팅이라는 단어를 쓰기도 한다.

한편, 현재 국내 대표적인 제휴마케팅 사이트 중의 하나가 바로 링크프라이스(www.linkprice.co.kr)이며, 제휴마케팅 사이트를 활용하여 전자상거래를 하는 절차는 다음과 같다.

① 회원 가입 후 [머천트]를 클릭한 후에 [전체승인 신청]을 해야 하는데, [그림 14]에서 보듯이 왼쪽 상단에 있는 링크프라이스에 회원가입을 할 때에 등록한 본인의 웹사이트(뉴비즈니스연구소2) 및 CPS(Cost Per Sales)를 선택한 후에 [전체승인 신청]을 해야 한다. 또한 왼쪽 상단에서 +(플러스)를 클릭한 후에 사이트를 추가하는 것도 가능하며, 이 경우에서는 새롭게 추가한 사이트를 먼저 선택한 후에 [전체승인 신청]을 해야 한다.

[그림 14] 전체승인 신청

② [카테고리]에서 [종합쇼핑몰]을 클릭하여 옥션 배너를 클릭한 후에 [그림 15]와 같이 오른쪽 상단에 [승인완료]가 되었는가를 확인한다. 승인완료가 된 머천트(예를 들어 옥션)의 경우에는 [그림 15]에서 보듯이 [대표 링크]가 생성되기 때문에 본인의 웹사이트(뉴비즈니스연구소2)에 배너 및 [대표 링크]를 등록하여 홍보를 할 수 있으며, 네티즌들이 배너를 클릭하여 옥션에서 상품을 구매하는 경우에 구매금액의 0.6% 수익이 발생하게 된다.

이렇게 제휴마케팅으로 인해 발생한 커미션은 [마이페이지]–[커미션 정보]에서 확인할 수 있으며, [커미션 인출 신청]을 통해서 본인의 계좌로 송금 받을 수 있다,

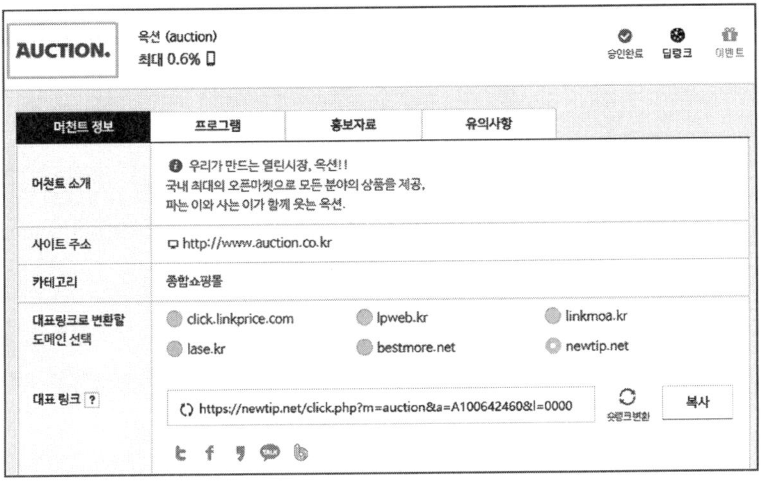

[그림 15] 옥션 배너의 선택

③ 링크프라이스에 회원가입을 할 때에 등록한 본인의 웹사이트(위에서 설명한 [뉴비즈니스연구소2]와 같은 홍보할 사이트)에 옥션 이미지를 클릭하면 대표 링크로 링크(link)가 되도록 하는 HTML 명령어를 만들어서 등록한다. 여기에서 옥션 이미지의 주소는 [그림 15]의 옥션 이미지 위에서 오른쪽 마우스를 클릭한 후에 [이미지 주소 복사(o)]를 클릭하여 알 수 있다.

```
〈a href="https://bestmore.net/click.php?m=auction&a=
  A100642460&l=0000"〉
〈img src="https://img.linkprice.com/files/glink/auction/
  20150901/55e4faab c9f4e_120_ 60.jpg"〉
〈/a〉
```

④ [머천트]의 [카테고리]에 등록되어 있는 다양한 사이트 중에서 본인이 관심이 있거나 커미션을 많이 받을 수 있는 사이트들을 본인의 사이트(위에서 설명한 [뉴비즈니스연구소2]와 같은 홍보할 사이트)에 HTML 명령어를 사용하여 등록한 후에 열심히 홍보하면 된다. 위에서 설명한 옥션을 예를 들어 설명하면, 네티즌들이 본인의 사이트(위에서 설명한 [뉴비즈니스연구소2]와 같은 홍보할 사이트)에 등록되어 있는 옥션 배너를 클릭하여 옥션에 접속한 후에 상품을 구매해야 커미션을 받을 수 있다는 것을 생각하면서 본인의 사이트(위에서 설명한 [뉴비즈니스연구소2]와 같은 홍보할 사이트)를 개발하고 또한 온라인(on-line) 및 오프라인(off-line)에서 체계적으로 홍보하는 것이 중요하다.

☞ [YouTube 채널: 김영문_travel_and_sbiz]
유튜브(YouTube)에 등록되어 있는 제휴마케팅(Affiliate marketing)과 관련된 동영상 강좌는 다음과 같다.
① 제휴마케팅(Affiliate marketing)
② 제휴마케팅과 무일푼 창업
③ 제휴마케팅(Affiliate marketing)의 이해와 활용
④ 제휴마케팅을 활용한 전자상거래

40. 인터넷 창업에서 필요한 보험상품과 에스크로 서비스

인터넷이라는 사이버 공간에서 상품을 판매하는 1인창업자들의 경우에는 어떻게 해야 고객이 신뢰하며 안심하고 구매를 할 수 있는가에 대해 많은 고민과 준비를 해야 한다. 대기업이 운영하는 전자상거래 사이트에 비해 인지도 및 신뢰성이라는 측면에서 약점이 있기 때문에 보증보험과 에스크로 서비스(escrow service)를 도입하고 사이트를 방문하는 고객에게 적극적으로 알리는 것이 필요하다.

(1) 인터넷쇼핑몰과 SGI서울보증

인터넷에서 상품을 판매하려는 창업자들이 반드시 알아 두어야 할 사이트 중의 하나가 바로 SGI서울보증(www.sgic.co.kr)이라고 할 수 있다. 서울보증회사의 [보험안내] - [보증보험]에서 '보증보험종류'를 클릭하면 전자상거래 활동과 관련된 보험상품을 볼 수 있다.

특히 인터넷쇼핑몰 창업자가 반드시 알고 있어야 하는 전자상거래(쇼핑몰)보증보험은 소비자가 인터넷상의 쇼핑몰에서 상품을 구매하고 대금을 결제한 후 상품을 인도받지 못하거나, 반품사유에 해당함에도 결제대금을 반환받지 못한 경우 소비자가 입은 피해를 보상하는 것이다. 따라서 인터넷쇼핑몰 창업자라면 고객이 안심하고 구매를 할 수 있도록 전자상거래(쇼핑몰)보증보험에 가입하는 것이 필요하다는 것이다.

(2) 에스크로 서비스와 에스크로 에이전트

에스크로 서비스(escrow service)는 물품상거래에서 특정 은행이 적극 개입하여 구매자에게는 확실한 물품배송을, 판매자에게는 안전한 판매대금을 중계하는 매매보호서비스를 말한다. 구매자(업체)는 대금 결제시 에스크로 계좌에 대금을 입금한다. 구매자(업체)가 배송된 상품을 직접 확인한 후, 특정 은행은 판매자(업체)의 대금결제계좌(판매자 명의)로 대금을 지급한다. 따라서, 구매자(업체)는 판매자(업체)를 대신하여 특정 은행을 믿고 전자상거래를 안심하고 거래할 수 있다. 판매자(업체)는 구매자(업체)에게 무한의 신뢰를 제공함으로써 매출액을 신장시킬 수 있으며, 부가적인 금융지원도 받을 수 있다.

한편, 에스크로 에이전트(escrow agent)란 위와 같이 에스크로 서비스에서 결제대금을 예치 및 보관하는 기관을 의미한다. 따라서, 에스크로를 이용하려는 판매자인 경우는 에스크로 에이전트의 신뢰성 및 자산건전성을 반드시 확인해야 한다. 만약에 에스크로 에이전트의 자산이 부실하여 파산(default), 인수 등의 신뢰성이 떨어진다면, 에스크로를 이용하는 모든 이용자들의 피해가 불가피하다.

현재 국내에서 에스크로 서비스를 제공하는 대표적 에스크로 에이전트는 하나에스크로(www.hanaescrow.com), 신한에스크로(www.shbescrow.com), KB에스크로(escrow1.kbstar.com), 우리에스크로(esc.wooribank.com) 등이 있다.

41. 포토샵 이미지를 호스팅 사이트에 등록하여 활용하기

포토샵으로 만들어진 이미지들은 인터넷 사이트에 바로 등록하여 활용할 수도 있지만, 일반적으로는 이미지 호스팅(image hosting)의 기능을 제공하는 서버(server, 컴퓨터 네트워크에서 다른 컴퓨터에 서비스를 제공하기 위한 컴퓨터)에 등록한 후에 〈img src="이미지 주소"〉 명령어로 불러와서 사용하게 된다.

뉴비즈니스연구소(cafe.daum.net/isoho2jobs)에 보면, 카페 메인에 여러 개의 이미지를 보여주고 있다. 이를 위해서는 먼저 포토샵을 활용하여 이미지들을 만들어야 하며, 만든 이미지들을 이미지 호스팅(image hosting) 사이트에 등록한 후에 〈img src="이미지 주소"〉 명령어를 활용하여 이미지를 불러와서 보여주게 된다. 이에 대해 조금 더 구체적으로 설명하면 아래와 같다.

(1) 포토샵(photoshop)으로 이미지를 만든다.

(2) 포토샵으로 만든 이미지를 이미지 호스팅 사이트에 등록해야 하는데, 이미지 호스팅 사이트는 매월 1~3만원을 지불하고 사용하는 유료 사이트들이 많다. 다음(Daum) 혹은 네이버(Naver) 등과 같은 포털사이트에서 이미지 혹은 호스팅 사이트를 검색하면 쉽게 찾을 수

있는데, 아래의 사이트들은 이미지 호스팅 사이트와 같은 목적으로 사용할 수 있다. 한편, 후이즈(www.whois.co.kr)의 경우에는 하루 50MB 용량을 무료로 제공하고 있다(전자신문, 2005.5.23.).

① 코리아호스팅(www.koreahosting.co.kr)
② Imgur(imgur.com)
③ 스쿨호스팅(www.phps.kr, 월 400원)
④ postimage(postimage.org)
⑤ 드롭박스(www.dropbox.com)
⑥ 미리내닷컴(www.mireene.com)
⑦ 허브웹(www.hubweb.net)
⑧ storemypic(www.storemypic.com)
⑨ Zpat(www.zpat.info)
⑩ 닷홈(www.dothome.co.kr)

(3) 호스팅 사이트에 포토샵 이미지를 등록한 후에 이미지의 파일 경로(주소)를 복사하여 사용하면 된다. 예를 들어, postimage (postimage.org)에 포토샵 이미지를 등록한 후에 [링크] 혹은 [직접 링크]에 있는 파일경로(주소)를 복사한 후에 〈img src="이미지 주소"〉 명령어로 불러와서 필요한 곳에서 사용하면 된다.

☞ **[참고]** 무료 이미지 호스팅의 기능을 제공하고 있는 사이트 중에는 일정 기간이 경과한 이후 사용료를 요구하고 있는 사례가 있다. 이에 대처하기 위해서는 회원가입을 할 때에 꼼꼼하게 확인을 하는 것이 필요하다.

☞ [참고] 〈img src="이미지 주소" width="너비(가로길이)" height="높이"〉

이미지 호스팅 사이트에 등록되어 있는 이미지의 크기를 강제로 조정하여 보여줄 때에는 width 및 height를 사용하면 된다. 그렇지 않는 경우에는 그냥 〈img src="이미지 주소"〉만 사용하면 된다. 즉, 이미지 호스팅(image hosting) 사이트에 등록되어 있는 포토샵 이미지를 원본 크기 혹은 조정된 크기의 이미지로 보여줄 수 있는데, width 및 height를 사용할 때에는 가로 및 세로의 비율을 유지하면서 크기를 조정하는 것이 중요하다. 예를 들어서, 가로(width)의 크기를 500픽셀에서 400픽셀로 줄이게 되면, 세로(height)의 크기 역시 같은 비율로 줄여야 할 것이다.

☞ [YouTube 채널: 김영문_travel_and_sbiz]

본 내용과 관련하여 유튜브(YouTube)에 등록되어 있는 동영상 강좌는 다음과 같다.

① 이미지 호스팅 사이트의 활용

② 포토샵 이미지 호스팅 사이트의 이해와 활용

42. 창업자들이 알아야 하는 HTML 명령어

창업자가 반드시 알아야 하는 것 중의 하나는 바로 HTML인데, HTML은 HyperText Markup Language의 약어로서 홈페이지, 인터넷 쇼핑몰 등에서 웹 문서를 만들기 위하여 사용하는 기본적인 프로그래밍 언어의 한 종류이다. 한편, 예비창업자들이 알아야 하는 필수 HTML 명령어는 다음과 같은데, 아래의 3가지만 마음대로 응용할 수 있으면 충분하다.

(1) 이미지 불러오기

```
〈img src=“http://www.mis.or.kr/images/new_main_13.gif”〉
```

옥션, G마켓 등의 오픈마켓에서 상품을 등록할 경우 상세정보를 만들 때에 사용하는 명령어로서 위에서 설명한 [이미지 호스팅 사이트]에 상품이미지를 등록하면 파일경로가 자동으로 생성된다.

(2) 텍스트 혹은 이미지를 클릭했을 때에 특정 사이트로 링크하기

① 텍스트를 클릭했을 때에 특정 사이트로 링크하기

```
〈a href=“http://www.mis.or.kr” target=win1〉
〈FONT COLOR=RED SIZE=3〉〈B〉사랑나눔회〈/B〉〈/FONT〉
〈/a〉
```

홈페이지, 카페(cafe) 혹은 블로그(blog)에서 텍스트(예: 사랑나눔회)를 클릭하면 웹사이트(www.mis.or.kr)로 링크시키는 명령어이다. 그런데 target=win1는 새로운 브라우저창을 만들어서 웹사이트(www.mis.or.kr)를 보여달라는 의미이다. 실습자는 target=win1를 삭제한 후에 실습해 보면 그 차이를 쉽게 알 수 있다.

〈FONT COLOR=RED SIZE=3〉〈B〉사랑나눔회〈/B〉〈/FONT〉 명령어를 해석해 보면, 사랑나눔회라는 글자를 붉은색(COLOR=RED)으로, 크기는 3으로, 그리고 진하게(B) 표시하라는 의미이다. 아울러, RED 대신에 다른 칼러를 상징하는 단어, 3 대신에 다른 숫자, B를 삭제한 후에 사용해 보면 그 차이를 알 수 있다.

② 이미지를 클릭했을 때에 특정 사이트로 링크하기

```
〈a href="http://www.mis.or.kr" target=win1〉
〈img src="http://www.mis.or.kr/images/new_main_13.gif"〉
〈/a〉
```

아울러, 위와 같이 사랑나눔회라는 글자 대신에 이미지(new_main_13.gif)를 불러오는 명령어를 사용할 수 있는데, 이미지를 클릭하면 웹사이트(www.mis.or.kr)로 링크시키는 HTML 명령어이다. 즉, 텍스트(사랑나눔회)를 클릭할 수도 있고, 이미지(new_main_13.gif)를 클릭할 수도 있다는 것을 의미한다.

(3) 테이블 만들기

```
〈table border=0〉
〈tr〉
  〈td〉
    〈img src="http://www.mis.or.kr/images/booknewbiz.gif"
     width=270〉
  〈/td〉
  〈td〉
    〈img src="http://www.mis.or.kr/images/new_main_13.gif"〉
  〈/td〉
〈/tr〉
〈/table〉
```

위의 명령어는 〈tr〉 명령어로 만든 한 줄로 된 테이블에 〈td〉 명령어를 이용하여 2칸을 만든 후에 〈img src〉 명령어를 사용하여 이미지를 불어오는 명령어이다.

(4) 기타 HTML 명령어

전자상거래 사이트 혹은 인터넷쇼핑몰을 개발하기 위해 유용하게 사용될 수 있는 HTML 명령어는 다음과 같은데, 네이버 및 구글 등의 포털사이트에서 다양한 HTML 명령어를 검색하여 활용할 수 있다 (HTML 명령어, blog.naver.com/dml21wjd).

① 〈br〉: 〈BR〉은 "line break"를 의미하며, 문단과 문단 사이에 빈 줄을 넣지 않고 줄만 바꾼다. 〈BR〉을 사용할 때에는 〈/BR〉를 사용하지 않는다.

② 〈p〉: 〈P〉 태그는 단락이 시작하는 곳이나 단락이 끝나는 곳에 넣어서 단락을 구분하는 역할을 한다. 〈P〉 태그를 단락이 시작하는 곳에 넣은 경우에는 단락의 앞에 빈 줄이 생기게 되고, 단락이 끝나는 곳에 넣는 경우에는 단락의 끝 부분에 빈 줄이 생기게 된다. 〈/P〉를 사용하지 않아도 상관없으며, 〈BR〉 태그를 두 번 사용하면 한 번의 〈P〉 태그와 동일한 효과가 발생한다.

③ 〈CENTER〉: 〈CENTER〉 태그는 문단을 가운데로 정렬시키는데, 〈CENTER〉 이후에 나오는 모든 문단들은 〈/CENTER〉를 만날 때 모두 가운데로 정렬된다.

☞ [YouTube 채널: 김영문_travel_and_sbiz]

본 내용과 관련하여 유튜브(YouTube)에 등록되어 있는 동영상 강좌는 아래와 같다.

① HTML 문서편집기(EDITPLUS)

② HTML기초(태그, 문서의 구조)

③ HTML 입문 및 활용

④ HTML 명령어로 TABLE 만들기

43. HTML을 활용한 온라인 사이트들 간의 연계와 연동

어떤 창업을 하든 다양한 인터넷 사이트들을 운영하게 되면 홍보효과도 극대화시킬 수 있고 아울러 매출향상에도 많은 도움이 된다. 설령 외식업을 하더라도 온라인에서의 다양한 홍보전략은 필수라고 할 수 있으며, 이러한 측면에서 아래의 사이트들을 운영하고 있는 창업자들은 어떻게 상호 연계키시고 연동시킬 것인가를 고민해 볼 필요가 있다.

① 인터넷 홈페이지(웹사이트, web site)

② 임대형 인터넷쇼핑몰: 메이크샵(www.makeshop.co.kr), 후이즈몰(www.whoismall.com), 카페24(www.cafe24.com), 가비아(www.gabia.com)

③ 오픈마켓: 옥션, G마켓, 11번가 등

④ 카페: 다음(Daum), 네이버(Naver) 등

⑤ 블로그: 다음(Daum), 네이버(Naver), 구글(google) 등

창업자가 위에서 언급한 5가지 종류의 사이트들을 모두 운영하고 있다고 할 때에 이러한 사이트들을 연계시키고 연동시키는 방법은 다음과 같다. 하지만, 먼저 생각해 할 것은 어느 사이트로 집중화를 시

킬 것인가를 생각해야 한다. 즉, "모든 길은 로마로 통한다."라는 말도 있듯이 창업자는 자신이 운영하고 있는 5가지 종류의 사이트 중의 하나에 접속했을 때에 고객들이 최종적으로 접속하도록 하는 목표 사이트(target site)가 있어야 한다는 것이다. 그것은 인터넷쇼핑몰이 될 수도 있고, 웹사이트 혹은 카페 등이 될 수도 있을 것이다.

(1) HTML을 활용한 연계와 연동

HTML(HyperText Markup Language)를 사용하면, 특정사이트에서 목표 사이트로의 접속을 쉽게 하도록 할 수 있다. 즉, 아래와 같은 명령어를 사용하면, 현재의 웹사이트를 그대로 두고 새로운 윈도우에 창업길라잡이 카페를 링크시킬 수 있다는 것이다.

```
〈a href="http://cafe.daum.net/isoho2jobs" target=win1〉창업길라잡이〈/a〉
```

(2) 이미지와 애니메이션을 활용한 연계와 연동

포토샵을 활용하여 통일된 이미지와 애니메이션을 사용하는 것도 좋다. 즉, 창업자가 여러 개의 사이트들을 운영하고 있을 때에 통일된 이미지와 애니메이션을 사용하는 것은 모두 창업자가 운영하고 있는 사이트라는 것을 인지시키는 데 도움이 된다. 또한 고객들에게 신뢰를 주는 데에도 도움이 된다.

(3) 동영상(UCC)을 활용한 연계와 연동

고객을 최종적으로 접속시키고자 하는 목표 사이트(target site)에 동영상(UCC)을 등록한 후에 퍼가기 혹은 스크랩 기능을 활용해서 다른 사이트에 동영상을 등록하면 된다. 그렇게 되면, 다른 사이트에 등록된 동영상의 상단에 목표 사이트(target site)의 이름과 주소가 나타나게 되고 주소를 클릭하면 목표 사이트로 자동 연결이 된다.

44. 창업자가 납부해야 하는 세금의 종류

창업자가 납부해야 하는 세금에 대해서는 국세청(www.nts.go.kr) 홈페이지에서 구체적으로 확인할 수 있는데, 초보창업자의 경우에는 세금 관련 서적을 구입하여 공부하는 것이 필요하다. 또한 세무사 혹은 공인회계사와 인맥을 형성하여 정기적으로 자문을 받는 것이 필요하다.

(1) 개인사업자

개인사업자의 경우에 반드시 알아야 할 중요한 세금은 소득세와 부가가치세라고 할 수 있다.

① 소득세

소득세는 사업을 통해 얻은 소득에 대하여 내는 세금을 말한다. 소득세는 매년 주소지 관할세무서에 신고하여야 하는데, 사업자가 매년 1월 1일부터 12월 31일까지의 연간 얻은 소득에 대하여 다음해 5월 1일부터 5월 31일까지 주소지 관할세무서에 신고하면 된다.

② 부가가치세

부가가치세(Value Added Tax: VAT)란 물건 값에 부가가치세가 포함되어 있어 물건을 팔 때 받은 세금에서 물건을 살 때 지불한 세금을 차감한 차액을 납부하는 것이다. 소득세는 사업결과 얻어진 소득(이익)에서 내는 세금으로 소득이 없으면 세금을 내지 않을 수 있지만, 부가가치세는 소비자가 부담한 세금을 잠시 보관했다가 국가에 내는 세금으로 사업자가 가져야 할 이윤에서 내는 세금이 아니다. 개인사업자는 1월과 7월에 부가가치세를 신고한다.

(2) 법인사업자

주식회사와 같은 법인사업자가 납부해야 할 세금은 법인세와 부가가치세라고 할 수 있다.

① 법인세

개인이 얻은 소득에 과세하는 것이 소득세라면 법인세는 법인이 얻은 소득에 과세하는 것이다. 소득세법상 소득세의 과세대상이 되는 소득은 열거하여 규정하므로 열거되지 않은 소득에 대해서는 납세의무가 없지만, 법인세는 법인이 얻은 모든 순자산의 증가액에 대하여 과세를 한다.

② 부가가치세

앞에서 언급한 개인사업자가 납부해야 하는 부가가치세를 납부해야 한다. 다만, 개인사업자는 1년에 두 번만 신고하면 되는 데 비하여, 법인사업자는 예정신고와 확정신고를 합쳐서 1년에 네 번 신고·납부해야 한다.

☞ [YouTube 채널: 김영문_travel_and_sbiz]
본 내용과 관련하여 유튜브(YouTube)에 등록되어 있는 [사업자등록에 따른 세금]를 검색하여 들어보세요.

45. 재무상태표(대차대조표)와 포괄손익계산서(손익계산서)의 이해

재무상태표(대차대조표), 포괄손익계산서(손익계산서) 등을 재무제표(financial statements)라고 하는데, 재무제표는 회계실체의 일정기간(회계기간) 동안의 경제적 사건과 그 기간 말에 있어서의 경제적 상태를 나타내기 위한 일련의 회계보고서라고 할 수 있다

(1) 재무상태표(대차대조표)

창업자는 수시로 사업과 관련한 재산상태와 부채상태를 점검하여야 한다. 그럼으로써 현재의 부채상태가 적절한 수준인지 파악하고, 재산의 구성내용이 적절한지에 대하여도 고려할 필요가 있다. 사업과 관련한 특정시점의 재산상태와 부채상태를 일정기준에 따라 일목요연하게 나열한 표를 대차대조표(balance sheet 혹은 재무상태표)라고 한다.

〈표 3〉과 같이 재무상태표를 한 쪽에 왼쪽과 오른쪽으로 구획을 갈라 작성할 때 자산은 재무상태표의 왼쪽에 기재하고 부채는 오른쪽에 기재한다. 그리고 자산은 위에서부터 빨리 현금화할 수 있는 순서대로 기재하고 반대로 부채는 빨리 갚아야 하는 순서대로 기재해야 한다. 또한 재무상태표의 왼편을 차변(debitor: Dr)이라 하고 오른편을 대변(creditor: Cr)이라 한다. 재무상태표의 차변은 자산의 구성내용을

〈표 3〉 재무상태표

자 산	금 액	부채와 자본	금 액
현금과 예금	20,000,000	단기차입금	50,000,000
재고자산	150,000,000	사채	50,000,000
임차보증금	50,000,000	부채총계	100,000,000
집기비품	30,000,000	자본금	150,000,000
자산총계	250,000,000	부채와 자본총계	250,000,000

표시해 주고 대변은 총 자산의 조달원천이 어떠한지를 표시해 준다.

(2) 포괄손익계산서(손익계산서)

창업자는 사업을 통한 영업활동의 결과로 일정기간 동안 얼마만큼의 소득을 올렸는지 파악할 필요가 있다. 영업활동의 구성내용이 건전한지를 판단하고 당연히 가사를 위한 인출은 소득금액의 범위 내로 제한하여야 한다. 일정기간 동안의 영업활동의 내용을 일정기준에 따라 일목요연하게 나열한 표를 포괄손익계산서(손익계산서, income statement)라고 한다.

포괄손익계산서에서 알 수 있는 주요 내용들은 매출액, 매출원가, 매출총이익(매출액－매출원가), 판매비와 일반관리비, 영업이익(매출총이익－판매비와 일반관리비), 영업외비용, 세전이익(영업이익－영업외비용), 소득세, 당기순이익(세전이익－소득세) 등이라고 할 수 있다.

☞ [YouTube 채널: 김영문_travel_and_sbiz]
본 내용과 관련하여 유튜브(YouTube)에 등록되어 있는 [재무제표(대차대조표와 손익계산서)]를 검색하여 들어보세요.

46. 상가건물임대차보호법의 이해와 활용

2002년 11월에 중소상인(소상공인)의 임대보증금을 보호하려는 취지에서 시행되었다. 상가건물임대차보호법은 임대인에 비해 상대적으로 약자인 영세 상인들이 안정적으로 생업에 종사할 수 있도록 지난 2001년 12월 29일 제정되어 2002년 11월 1일부터 시행하게 되었는데 임차인의 권익보호를 위한 법령의 주요 내용은 다음과 같다.

① 임대차 존속기간 보장: 2018년 10월 16일 이후 상가건물임대차보호법상 임대차 보장기간이 5년에서 10년으로 연장되어 10년 동안 임차인의 안정성이 보장되었다.

② 대항력 발생: 임차인이 건물을 인도 받고 사업자등록을 신청하면, 이후 건물소유주가 바뀌어도 새로운 소유주에 대해 임차권을 주장할 수 있다.

③ 임대료 인상 상한선 설정: 연 5%의 범위 내에서 인상이 가능하도록 하였다.

④ 우선변제권 보장: 일정보증금액 범위에 해당하는 임차인이 대항력을 취득하고 확정일자를 받은 경우, 전세권 등기와 같은 효력을 인정하여 경매·공매시 후순위 채권자보다 우선변제받을 수 있다.

⑤ 최우선변제권 보장: 최우선변제권의 보호범위 안에 해당하는 임차인이 건물을 인도받고 사업자등록을 하여 대항력이 발생하였을 때, 건물주가 부도가 나더라도 경매가액의 1/3 범위 안에서 보증금 중 일부를 찾을 수 있다는 것이다. 즉, 점포의 세입자들은 일반 담보권자들에 우선하여 건물가액의 33%(3분의 1) 범위 안에서 최우선변제권을 갖게 되었다.

☞ [참고] 상가건물임대차보호법에서의 계산방법

상가건물임대차보호법은 사회적·경제적 약자인 임차인을 보호하기 위해 시행되고 있지만, 모든 상가건물의 임대차에 대해 적용되는 것은 아니고 지역에 따라 다르게 정해진 일정한 보증금액 이하인 임차인의 경우에만 적용된다는 사실을 알아야 한다. 즉 상가건물을 임차한 임차인의 보증금액이 서울특별시의 경우에는 9억원 이하, 과밀억제권역(서울특별시 제외) 및 부산광역시의 경우에는 6억 9천만원 이하, 광역시(과밀억제권역·군, 부산광역시 제외) 등의 경우에는 5억 4천만원 이하, 그리고 그 밖의 지역의 경우에는 3억 7천만원 이하의 경우에만 상가건물임대차보호법의 적용을 받는다(상가건물임대차보호법 제2조 제1항, 시행령 제2조 제1항).

예를 들어, 대구광역시에 있는 점포의 보증금이 1억 5천만원이고, 월 임차료가 400만원인 경우를 살펴보자. 여기에서 임차인이 지급한 보증금 이외에 차임이 있는 경우에는 이를 월 단위로 환산한 금액에 100을 곱해 산출한 금액을 기존의 보증금에 포함시켜서 계산, 보증금액을 산출하게 된다(상가건물임대차보호법 제2조 제2항, 시행령 제2조 제2항, 제3항). 따라서, 월차임 400만원에 100을 곱해 산출된 4억원을 보증금 1억 5천만원과 합산한 5억 5천만원이 보증금액이 되는 셈이다.

대구광역시의 경우 5억 4천만원 이하에서만 상가건물임대차보호법이 적용되므로, 이 경우에는 상가건물임대차보호법의 적용을 받지 못한다는 것이다. 따라서, 이러한 경우에는 월 임차료나 보증금을 조정하여 상가건물임대차보호법의 보호를 받을 수 있도록 하는 것이 필요할 것이다.

☞ **[참고]** 상가건물임대차보호법은 로앤비(www.lawnb.com)에서 법률 및 시행령을 확인할 수 있으며, 포털사이트 다음(Daum)과 네이버(Naver)에서도 최근 변경된 내용을 찾아 볼 수 있다.

☞ [YouTube **채널: 김영문**_travel_and_sbiz]
본 내용과 관련하여 유튜브(YouTube)에 등록되어 있는 동영상 강좌는 다음과 같다.
① 상가건물임대차보호법
② 창업자를 위한 법률지식

47. 가맹사업거래의 공정화에 관한 법률

프랜차이즈 사업이 활성화되는 시대적 추세에 따라 프랜차이즈 본부와 가맹점주 간의 분쟁을 규율하기 위해 2002년에 제정된 법인데, 프랜차이즈 본사가 난립하고 경험이 없는 소자본 창업자들이 본사 말만 믿고 창업했다가 실패의 나락으로 빠지는 경우를 막자는 취지에서 제정되었다. 이 법에는 가맹본부가 가맹점사업자에게 정보공개서(disclosure document)를 제출할 의무가 있음을 명시하고 있으며, 정보공개서에는 회사 및 임직원에 관한 사항, 가맹점사업자의 부담, 영업활동 조건 및 제한, 가맹본부의 가맹사업 현황, 가맹영업개시와 상세 절차, 소요시간, 교육훈련 프로그램, 점포 예정지 근처의 사업자 10군데의 명칭과 소재지, 전화번호 등의 내용이 담겨야 한다는 것을 규정하고 있다.

따라서, 프랜차이즈 본사를 통해서 가맹점 형태로 창업을 하려는 예비창업자들은 이 법에 의해서 사전에 본사에 대한 정보공개서를 제출받아 철저한 분석을 실시한 후에 가맹점 계약을 해야 할 것이다. 특히 예비창업자의 입장에서는 본사와 문제가 발생했을 때를 생각하여 가맹비의 반환 여부에 대해서도 잘 알아두어야 한다.

현재 가맹사업거래의 공정화에 관한 법률은 2008년도에 크게 개정이 되어 가맹점 계약자에 대한 보호를 강화하는 측면에서 프랜차이즈 본사가 정보공개서를 공정거래위원회의 가맹사업거래 홈페이지(franchise.ftc.go.kr)에 등록하게 하는 등 여러 측면에서 보완이 이루어졌다. 따라서, 프랜차이즈 가맹점 창업에 관심 있는 예비창업자들은 가맹사업거래 홈페이지에 수시로 접속하여 프랜차이즈 본사 및 창업 아이템의 선정 등을 위해 유용하게 활용해야 하는 웹사이트라고 할 수 있다.

☞ [참고] 가맹사업거래의 공정화에 관한 법률은 로앤비(www.lawnb.com)에서 법률 및 시행령을 볼 수 있는데, 프랜차이즈 본사 및 가맹점 창업자 모두 잘 알아두어야 한다.

☞ [YouTube 채널: 김영문_travel_and_sbiz]
본 내용과 관련하여 유튜브(YouTube)에 등록되어 있는 동영상 강좌는 다음과 같다.
① 창업자를 위한 법률지식
② 가맹사업법 개정 내용
③ 창업관련 법률지식

48. 전자상거래 등에서의 소비자보호에 관한 법률

인터넷에서 상품을 판매하는 창업자가 반드시 알아야 하는 법률이 바로 2002년에 제정된 '전자상거래 등에서의 소비자보호에 관한 법률'인데, 로앤비(www.lawnb.com)에서 검색하면 법률 원문을 볼 수 있다. 법률 중에서 중요한 몇 가지를 설명하면 다음과 같다.

① 사이버몰 운영자의 표시사항(제10조 제1항): 전자상거래를 하는 사이버몰의 운영자는 소비자가 사업자의 신원 등에 관하여 쉽게 알 수 있도록 몇 가지의 사항을 총리령이 정하는 바에 따라 표시하여야 한다.

② 통신판매업 신고(제12조 제1항): 통신판매업자는 공정거래위원회나 특별자치시장·특별자치도지사·시장·군수·구청장에게 신고하여야 한다.

③ 신원에 대한 정보의 제공(제13조 제1항): 통신판매업자가 재화 등의 거래에 관한 청약을 받을 목적으로 표시·광고를 행하는 경우에는 몇 가지의 사항이 포함되도록 하여야 한다.

④ 계약내용 서면 교부(제13조 제2항): 통신판매업자는 소비자가 계약체결 전에 재화 등에 대한 거래조건을 정확하게 이해하고 실수 또는 착오 없이 거래할 수 있도록 적절한 방법으로 표시·광고 또는 고지하고, 계약이 체결된 경우에는 계약자에게 계약내

용에 관한 서면을 재화 등을 공급할 때까지 교부하여야 한다.

⑤ 청약철회 조건(제17조): 소비자는 주문이 체결된 경우라도 재화 등을 공급받은 날부터 7일 이내 조건 없는 청약 철회가 가능하다. 또한 표시 · 광고 또는 계약내용과 다른 재화 등이 공급된 경우 공급받은 날부터 3개월, 그 사실을 안 날 또는 알 수 있었던 날부터 30일 이내 철회가 가능한데, 이 경우에는 시정조치해야 함은 물론 영업정지를 받을 수 있다.

⑥ 재화 등의 공급 등(제15조): 대금의 전부 또는 일부를 지급 받은 날부터 3영업일 이내에 재화 등의 공급을 위해 필요한 조치를 하여야 하되 별도 약정 시에는 제외한다.

⑦ 미성년자 계약시 고지(제13조 제3항): 미성년자 계약시 법정대리인이 동의하지 않으면 미성년자 본인 또는 법정대리인이 계약을 취소할 수 있다는 내용을 미성년자에게 고지하여야 한다.

⑧ 통신판매중개자의 책임(제20조의2): 중개자의 책임이 없다는 것을 약정하지 아니하거나 미리 고지하지 아니한 경우 통신판매중개자는 중개의뢰자의 고의 · 과실로 인한 소비자피해에 대하여 중개의뢰자와 연대책임 부담이 있다.

⑨ 금지행위(제21조 제1항): 전자상거래를 하는 사업자 또는 통신판매업자가 해서는 안 되는 행위들을 규정하고 있다.

☞ **[참고]** 인터넷이라는 사이버 공간에서 상품을 판매하는 경우에는 내용을 자세하게 알고 있어야 한다. 따라서 법률을 출력하여 몇 번이고 읽고 내용을 잘 숙지해야 할 것이다.

49. 허가, 등록, 신고업종에 대한 이해

창업하고자 하는 업종이 허가, 등록, 신고 등을 필요로 하는 사업일 경우는 관련 법규를 검토한 후 해당 관청에 신청서를 제출해야 한다. 따라서 점포를 계약하기 전에 반드시 허가, 등록, 신고 등이 필요한 업종인지를 관할 구청 민원실 혹은 세무서에서 확인하는 것이 필요할 것이다. 허가, 등록, 신고업종을 구체적으로 분류하면 다음과 같다.

① 허가업종 ② 신고업종
③ 등록업종 ④ 면허업종
⑤ 인가업종 ⑥ 인증업종
⑦ 통보대상

위에서 허가업종이란 정부에 사업을 시작하겠다고 신고를 한 후 사업자가 일정한 요건을 갖추었다고 판단되면 허가를 내주는 업종이다. 신고업종은 해당 행정기관에 사업내역을 신고하기만 하면 영업이 가능한 업종을 말하며, 등록업종은 정부나 지방자치단체에 사업자로 등록이 되어야만 사업을 시작할 수 있는 업종이다.

☞ **[참고] 허가, 등록, 신고업종 등에 대한 주의사항**

① 해당 업종이 인허가 대상인지를 파악한다. 즉, 업종을 선택하기 전에 인허가 여부와 담당 행정기관을 미리 파악해야 하며, 법규 및 행정기관에 대해 미리 알아보는 것이 좋다.

② 창업 업종의 법적 규제 및 이행지침을 확인한다. 예비창업자들은 법규나 시행령의 변화에도 관심을 가져야 한다. 법규 등의 변화에 따라 영업시간, 점포 내부시설, 출입가능 연령 등이 바뀌기도 하기 때문이다. 심야영업제한, 청소년 출입규정이나 법규에 대해 자세히 알고 있어야 한다.

③ 법규에 따라 시설, 위치 등에 제한이 있음을 파악한다. 소자본 창업업종은 대부분 허가에 필요 없는 신고업종이지만 몇몇 업종들의 경우에는 시설, 위치 등에 제한이 따른다는 것을 고려해야 한다.

④ 기존 업종 중에서도 정부의 허가나 선 등록을 요구하는 업종의 경우에 지침을 정확히 이행하지 않으면 영업 활성화 유무에 상관없이 강제적으로 영업정지, 세무조사, 형사조치 등을 당하게 된다.

⑤ 허가업종이 아니더라도 신고나 등록 시에는 신청서, 임대차계약서 사본, 평면도 등 업종에 따라 필요한 서류가 다르므로 사전에 파악해 두는 것이 좋다.

⑥ 약국, 부동산, 미용실, 안경점 등의 자격증 사업은 제3자를 고용하여 대리 창업할 수 없다는 것을 알아두어야 한다.

⑦ 업종에 따라서는 창업 전 미리 숙지 혹은 파악해 두지 않으면 낭패를 볼 만한 항목들이 많다. 하지만, 인허가 업종은 점차 해제되어 가는 추세이므로 시·군·구청 혹은 세무서에 사전에 문의를 하는 것이 가장 좋다.

☞ [YouTube 채널: 김영문_travel_and_sbiz]

본 내용과 관련하여 유튜브(YouTube)에 등록되어 있는 [인가·허가·등록업종]을 검색하여 들어보세요.

50. 창업기업의 의무신고사항

창업 준비의 업무가 끝나게 되면 곧바로 생산활동을 시작할 수 있으나 행정적인 절차를 이행하여야 하기 때문에 등기소를 비롯하여 노동부 지방사무소, 근로복지공단, 국민건강보험공단, 국민연금관리공단 등에 아래의 사항들을 신고해야 한다.

(1) 건강보험

건강보험은 피보험자 또는 피부양자의 질병, 부상, 분만 및 사망 등에 대하여 보험급여를 실시함으로써 국민건강을 향상시키고 사회보장의 증진을 그 목적으로 하고 있으며, 상시근로자 1인 이상 사업장은 당연적용 사업장에 해당한다.

(2) 산재보험

산재보험제도란 근로자가 사업장에서 업무상으로 부상, 질병 또는 사망한 경우에 사업주의 보상책임을 대신하여 국가가 사업주로부터 소정의 보험료를 징수하여 그 기금으로 신속하고 공정하게 보상해 줌으로써 근로자와 그 가족들을 보호해 주는 사회보장제도인데, 사업주는 당해 사업개시한 날로부터 14일 이내에 사업장 관할 근로복지공단에 보험관계성립신고서를 제출하여야 한다.

(3) 고용보험

고용보험은 실업의 예방, 고용의 촉진 및 근로자의 직업능력의 개발·향상을 도모하기 위하여 실시하는 것으로서, 사업주는 당해 보험관계가 성립한 날로부터 14일 이내에 관할 지방노동청(사무소)에 신고하여야 한다.

(4) 국민연금

대표이사 등 상근임원과 종업원을 합해서 1인 이상인 회사(법인)를 설립한 때에는 당연적용사업장이 되어 국민연금법 시행령 제19조의 규정에 의하여 국민연금에 의무적으로 가입하여야 하는데, 국민연금관리공단에 관련 서류를 제출하면 된다.

(5) 근로자명부와 임금대장 작성

근로기준법 제41조 및 제48조의 규정에 의하여 상시근로자가 1인 이상인 경우 근로자명부와 임금대장을 작성하여야 한다. 사업자는 근로기준법 시행규칙 제16조에서 정하는 서식에 각 사업장별로 근로자의 성명, 생년월일, 이력 등을 기재한 근로자명부와 임금과 가족수당 계산의 기초가 되는 사항, 임금액 등을 기재한 임금대장을 작성하여 보존하여야 한다.

(6) 취업규칙 신고

상시 1인 이상의 근로자를 사용하는 사용자는 취업규칙을 작성하여 노동부장관에게 신고하여야 하며, 이를 변경하는 경우에 있어서도 또한 같다.

☞ [YouTube 채널: 김영문_travel_and_sbiz]
본 내용과 관련하여 유튜브(YouTube)에 등록되어 있는 [창업기업의 의무신고사항]을 검색하여 들어보세요.

51. 벤처기업 확인 및 이노비즈 인증

창업을 하게 되면 1차적으로 벤처기업 확인 혹은 이노비즈 기업으로 인증을 받는 것이 목표가 될 수 있다. 그렇게 되면, 정부로부터 각종 혜택이 많다는 것이다.

(1) 벤처기업 확인

벤처기업 확인제도는 1998년 시행 이후 몇 번의 개정을 거쳐오다가 2006년 6월 4일에 전면적인 제도개편을 단행하여 실제 자금시장에서 벤처자금을 운영하고 있는 기업을 벤처기업으로 인증해 주는 기술평가보증(대출)기업을 벤처확인요건으로 추가하고, 기존 신기술에 의한 벤처확인요건을 폐지하는 등 시장 친화적인 방향으로 제도를 개선하였다. 또한 2021년 2월부터는 '민간주도 벤처확인제도'를 벤처기업협회가 담당하기로 하였으며, 확인업무는 기업인, 투자심사역, 학계·연구계 등 민간 전문가로 구성된 [벤처기업확인위원회]에서 맡게 되었다.

이에 따라 벤처기업 확인을 희망하는 중소기업은 벤처확인종합관리시스템(www.smes.go.kr/venturein)을 통해 접속과 신청이 가능하게 되었으며, 〈표 4〉와 같이 벤처기업의 유형을 벤처투자유형, 연구개발유형, 혁신성장유형으로 구분하고 10개 전문 평가기관을 지정하였다.

〈표 4〉 벤처기업의 유형 및 전문평가기관

유형	주요 업무	전문평가기관
벤처투자유형	투자요건 검토	한국벤처캐피탈협회
연구개발유형	사업성 평가	중소벤처기업진흥공단, 신용보증기금
혁신성장유형	기술성 평가 사업성 평가	기술보증기금, 한국생산기술연구원, 한국발명진흥회, 한국과학기술정보연구원, 한국생명공학연구원, 농업기술실용화재단, 연구개발특구진흥재단

(2) 이노비즈 인증

이노비즈는 Innovation(혁신)과 Business(기업)의 합성어로 기술우위를 바탕으로 경쟁력을 확보한 기술혁신형 중소기업을 말한다. 이노비즈 인증은 회사설립일이 3년 이상된 업체가 가능하며, 자세한 내용은 이노비즈 인증(www.innobiz.net)에서 확인할 수 있다. 한편, 이노비즈의 신청 및 인증 절차는 다음과 같다.

① 이노비즈 인증(www.innobiz.net)에 접속

② 기업등록 및 재무제표 입력

③ 온라인 자가진단

④ 신청 및 접수완료

⑤ 기술보증기금의 현장평가

⑥ 이노비즈 선정

☞ **[참고]** 벤처기업 확인과 이노비즈 인증은 기업 자체에서 진행할 수도 있지만, 컨설팅 업체에 의뢰하여 진행하는 것도 좋다. 또한, ISO 9000/14000에 대한 인증도 동시에 진행할 수 있다.

52. ISO 9000/14000 인증 및 HACCP 인증

신생 창업기업이 성장함에 따라 받아야 할 인증 중에 ISO 9000/14000 인증 및 HACCP 인증이 있다. 이러한 인증이 필요 없다고 생각하는 창업기업도 있을 수 있으나, 창업기업이 벤처기업 확인, 이노비즈 인증을 받거나 정부의 각종 정책자금에 선정되기 위해서도 창업자는 ISO 9000/14000 인증 및 HACCP 인증을 받아야 한다는 생각을 갖고 있는 것이 좋다.

(1) ISO 9000

GATT(General Agreement on Tariffs and Trade)에서 국가 간의 기술적 장벽 해소를 위해 마련한 ISO 9000 시리즈는 공급자의 품질시스템을 제3자(인증기관)가 평가하여 품질보증 능력을 인증해 주는 제도이다. ISO 9000은 품질보증을 위한 20가지 필수요건을 제시하고 있으며, 그 요건을 만족하는 전제하에 각 기업에 유효한 품질시스템의 구축과 실천 여부를 심사한다. ISO 9000은 기업의 품질시스템 구축을 위한 가장 효과적인 방법으로서, 각 기업은 이를 실질적으로 활용하는 것이 중요하다.

(2) ISO 14000

국제표준화기구인 ISO의 환경경영위원회(TC 207)에서 개발한 ISO 14000 시리즈 규격 중 하나로서 조직의 환경경영시스템을 실행, 유지, 개선, 보증하고자 할 때 적용가능한 규격이며, 조직에서 발생하는 환경영향을 저감시키기 위해 조직이 갖추어야 할 시스템의 기본조건을 요구하며, 환경방침, 목표를 정하여 이를 달성하기 위한 활동을 실시하고 실시상황에 대한 감시, 검토하는 일련의 과정으로 구성되어 있다.

(3) HACCP 인증

HACCP란 "Hazard Analysis Critical Control Points"의 머리글자로서, 일명 "해썹"이라 부르며 식품의약품안전처에서는 이를 "식품위해요소중점관리기준"으로 번역하고 있다. HACCP은 위해분석(HA)과 중요관리점(CCP)으로 구성되어 있는데, HA는 위해가능성이 있는 요소를 찾아 분석, 평가하는 것이며, CCP는 해당 위해요소를 방지, 제거하고 안전성을 확보하기 위하여 중점적으로 다루어야 할 관리점을 말한다. 종합적으로, HACCP란 식품의 원재료 생산에서부터 제조, 가공, 보존, 유통단계를 거쳐 최종 소비자가 섭취하기 전까지의 각 단계에서 발생할 우려가 있는 위해요소를 규명하고, 이를 중점적으로 관리하기 위한 중요 관리점을 결정하여 자주적이며 체계적이고 효율적인 관리로 식품의 안전성(safety)을 확보하기 위한 과학적인 위생관리체계라 할 수 있다. 또한 HACCP는 2002년 7월부터 시행한 제조물 책임법(PL법)에 대비하여 식품의 안전대책을 마련할 수 있는 효과적인 시스템이다.

☞ **[참고]** ISO 9000/14000 인증 및 HACCP 인증을 받으려면 전문적인 컨설팅을 받아야 하는데, 다음(Daum)과 네이버(Naver)에서 검색하면 전문업체를 쉽게 찾을 수 있다. 다만, 창업자가 거주하고 있는 지역의 컨설팅 업체를 선택하는 것이 편리할 것이다.

53. 지적재산권의 종류

지적재산권은 지적소유권(intellectual property)이라고도 하며, 발명, 상표, 디자인(의장) 등의 공업소유권과 문학·음악·미술 작품 등에 관한 저작권을 총칭하는 말이다. 일반적으로 공업소유권(industrial property)은 특허청(www.kipo.go.kr)의 심사를 거쳐 등록을 해야만 보호되고, 저작권(copyright)은 출판과 동시에 보호된다. 지적재산권은 변리사(patent attorney)의 도움을 받아 출원하면 되는데, 지적재산권은 아래 〈표 5〉와 같이 분류할 수 있다. 여기에서는 창업자와 가장 밀접한 산업재산권의 4가지를 중심으로 설명할 것이다.

〈표 5〉 지적재산권의 종류

산업재산권	저작권 및 저작인접권	신지적재산권
–특허 –실용신안 –디자인(의장) –상표	–시, 소설, 음악, 미술, 영화 등 창작물 및 복사본 –저작자의 권리(무단 복사를 금지할 수 있는 권리) –저작인접권: 실연가의 권리, 음반제작자의 권리, 방송사업자의 권리	–컴퓨터프로그램 –데이터베이스 –생명공학 발명 –식물 기술 –인공지능 –색채상표 –소리상표 –캐릭터

(자료원: 킹로드 특허법률사무소, www.kingroadpatent.com)

(1) 특허

특허권(patent right)이란 발명을 독점적으로 이용할 수 있는 권리를 말하는데, 특허권은 다음과 같은 요건을 갖추어야 한다: ① 발명일 것, ② 산업상 이용할 수 있을 것, ③ 새로울 것, ④ 진보적일 것.

(2) 실용신안

실용신안권(utility model)은 물품의 형상, 구조, 조합으로 이루어지는 고안에 깃들여 있는 기술적 사상을 보호하는 권리를 말한다. 즉, 실용신안권은 발명, 고안된 것을 개량하여 보다 편리하고 유용하게 쓸 수 있도록 물품의 형상, 구조 또는 조합에 관한 고안을 하였을 경우에 해당되며, 방법 및 물질 등은 대상이 안 된다

(3) 디자인(의장)

디자인권은 물품의 외관, 형상, 모양, 색채 또는 이들이 결합되어 있는 디자인을 보호하는 권리를 말한다. 가령 전동타자기의 기술적 구성 및 원리와는 관계없이 전동타자기의 외관 형태를 의장으로서 보호받게 되면, 동일한 기능을 갖는 전동타자기라고 할지라도 외관이 네모난 것, 둥근 것 혹은 세모난 것 등은 각각 디자인권을 취득할 수 있다.

(4) 상표

상표권(trademark)은 특정 영업을 하는 사람이 자기의 상품을 다른 사람의 상품과 구분하기 위하여 상품에 붙이는 기호, 문자, 도형 등을

보호하는 권리이다. 따라서, 먼저 등록되어 있는 다른 사람의 상표와 같거나 유사하면 등록을 받을 수 없다.

☞ [YouTube 채널: 김영문_travel_and_sbiz]
본 내용과 관련하여 유튜브(YouTube)에 등록되어 있는 [지적재산권의 개념과 종류]를 검색하여 들어보세요.

54. 지적재산권의 출원 및 유의사항

지적재산권의 출원은 변리사의 도움을 받아서 특허청(www.kipo.go.kr)에 출원을 하게 되는데, 특허청 홈페이지 첫 화면의 '권리별 정보안내'에서 특허, 실용신안, 상표, 디자인의 출원 절차 및 방법 등에 대해 자세하게 설명하고 있다. 또한, 특허정보검색서비스(www.kipris.or.kr)에서 기존에 등록된 지적재산권을 검색하여 적절하게 대응할 수 있다. 예를 들어, 특허정보 중에서 상호 관련된 기술을 선별 분석함으로써 타사의 특허전략, 기술개발전략 및 기업전략을 파악할 수 있고, 이를 통해 경쟁사와의 중복연구와 이중투자를 방지할 수 있다.

한편, 창업기업이 보유하고 있는 기술 혹은 아이디어를 특허청에 출원할 때에는 아래의 10가지를 유의하는 것이 필요하다.

(1) 제품 출시 및 논문 발표보다 특허출원이 우선이다. 특허제도는 발명을 공개하는 대가로 특허권을 부여하는 제도이므로 이미 일반에 알려진 발명에 대하여는 특허권을 부여하지 않는다. 그렇기 때문에 개발한 기술을 특허출원 전에 제품 출시 또는 논문 발표 등을 통하여 공개하게 되면 추후에는 특허를 받을 수 없으므로, 공개 이전에 특허출원을 먼저 하는 것이 중요하다.

(2) 의료행위 발명은 특허 대상이 아니다. 간에 대한 수술방법, 치

료방법, 진단방법 등의 의료행위 발명은 산업상 이용가능성이 없는 것이어서 특허의 대상이 아니다. 다만, 의료행위 발명은 특허가 될 수 없지만 의료기기 발명은 특허가 가능하므로 의료기기 발명으로 특허출원을 하면 된다.

(3) 특허출원 전에 선행기술 검색은 필수이다. 기술개발에 대한 중복 투자 및 연구를 예방하고, 기술개발 동향 파악 및 기술개발 방향 설정을 위하여 연구개발단계 초기에 선행기술 검색은 필수라고 할 수 있다. 특허기술 정보를 검색할 수 있는 곳으로서 무료로 이용할 수 있는 KIPRIS 서비스(www.kipris.or.kr)를 적극 활용하는 것이 필요하며, 변리사의 도움을 받아서 검색해도 될 것이다.

(4) 공동발명의 경우, 출원 전에 권리관계를 명확히 해야 한다. 특허를 받을 수 있는 권리는 원칙적으로 발명자에게 있으나, 이 권리는 타인에게 양도가 가능하다. 그렇기 때문에 발명을 공동으로 하여 특허를 받아야 하는 경우에는 공동으로 특허출원을 해야 한다.

(5) 출원명세서를 충실하게 기재하라. 특허출원 명세서는 당업자(當業者, 사업을 직접 경영하는 사람)가 그 명세서에 기재된 내용을 보고 해당 발명을 용이하게 실시할 수 있을 정도로 충실하게 기재해야 한다. 즉, 특허출원 후에 당업자가 용이하게 실시할 수 있도록 명세서를 보정하는 것은 허용되지 않으므로, 특허출원 당시에 명세서를 정확하게 기재하는 것이 중요하다고 할 수 있다.

(6) 우선심사제도를 적극 활용하라. 조기에 특허권을 확보할 필요가 있는 경우에는 우선심사제도를 적극 활용하면 된다. 특허출원의 심사순위는 심사청구 순위에 의하는 것이 원칙이나, 공익 및 발명의 적절

한 보호가 필요한 경우 예외적으로 우선적으로 심사할 수 있다.

(7) 외국에서 특허를 향유하려면 외국에도 출원하라. 특허권의 효력은 각 국가마다 독립적으로 존재하므로(속지주의), 한국에서 획득한 특허는 한국에서만 효력이 있다. 수출을 염두에 두고 설비투자를 하는 경우에는 수출하고자 하는 각 나라에서 독립적으로 특허권을 획득해야 한다.

(8) 해외출원에도 기한이 있다. 국내에 출원을 하고 1년 이내에 해외출원을 해야만 국내 출원일을 인정받을 수 있고, 국내 출원일로부터 18개월이 지나면 국내출원이 공개되어 해외에 출원하더라도 특허를 받을 수 없는 등 해외출원에도 시간적 제한이 있으므로, 적기에 출원할 수 있도록 해야 한다.

(9) 정부 지원정책을 적극 활용하라. 특허제도에 대해서 잘 모른다고, 돈이 없다고 특허를 포기하지 말고 좋은 아이디어가 있으면 정부 지원정책을 적극 활용해야 한다. 특허출원이 처음이라면 무료 특허교육 및 상담을 이용하는 것도 좋은 방법이다.

(10) 특허출원시 상표출원도 함께 고려해야 한다. 강력한 브랜드는 소비자들에게 다양한 이미지를 떠올리게 하고 강렬하면서도 호의적인 느낌을 불러일으키는데, 성숙기에 들어선 소비용품시장에서는 제품의 기능뿐만 아니라 타사 제품과 차별화된 느낌을 주는 브랜드가 제품의 경쟁력이므로 특허출원과 동시에 상표출원도 함께 고려해야 한다.

☞ [YouTube 채널: 김영문_travel_and_sbiz]
본 내용과 관련하여 유튜브(YouTube)에 등록되어 있는 [지적재산권의 기능]을 검색하여 들어보세요.

55. 창업자금의 수지분석

(1) 소요자금 추정

창업자는 우선 필요한 자금이 얼마인지를 추정하는 것이 필요한데, 물론 창업의 초기단계에서 전체 소요자금을 추정하는 것은 쉽지 않는 일이다. 또한 본인이 보유하고 있는 자금을 이용하지 않고 일부를 외부에서 조달하는 경우에 소요자금의 추정은 외부 자금의 조달과 연계시켜야 한다는 것이다.

최재희(2003)는 창업에 필요한 소요자금을 시설자금(유형·무형 고정자산), 운전자금(인건비, 재료비, 경비 등), 예비자금(시설 및 운전자금의 20% 정도 책정)의 3가지로 세분하고 있다. 하지만, 일반적으로 창업을 할 때에 소요되는 자금은 다음과 같이 분류할 수 있다 (김진영·유명철·고정소·권태형·박승민, 2003).

신규사업 소요자금＝초기 투자자금＋운전자금＋시설자금

① 초기 투자자금: 사무집기, 비품, 사무실 임차료, 통신비 등을 말한다.

② 운전자금: 재료비, 인건비, 운반비, 유지보수비 등 실제 매달 지출이 요구되는 제조비용과 일반관리비 및 판매비 등을 말한다.

③ 시설자금: 고정자산을 구입하는 데 필요한 자금을 말하며, 유형 고정자산과 무형고정자산으로 분류할 수 있다. 예를 들어, 기계나 각종 설비를 구입하는 비용을 말한다.

(2) 자금조달능력 여부 검토

창업을 하게 되면, 끊임없이 자금이 필요한 것이 사실이다. 초기자금 외에도 기술개발에 대한 자금, 시장개척을 위한 자금, 인력의 충원을 위한 자금, 전략적 제휴를 위한 자금, 홍보 및 마케팅을 위한 자금 등 사업을 하는 동안에 계속 자금이 필요하다고 할 수 있다.

자금과 관련하여 한 가지 생각해 볼 것은 아직도 많은 예비창업자들이 잘못 생각하는 것 중의 하나가 적자가 나면 망한다는 것이다. 하지만, 벤처는 적자가 난다고 해서 망하는 것이 아니라 돈이 떨어지면 망한다는 것이다. 이것은 분명히 차이가 있는데, 아무리 적자가 나더라도 지속적으로 자금이 조달될 수 있으면, 아무런 문제가 없을 것이다.

그런데, 문제는 사업을 하는 동안 지속적으로 자금을 조달할 수 있는 능력이 있는가 하는 것이다. 벤처가 시작된 1990년대에만 해도 벤처기업에 대한 투자가 많이 이루어졌지만, 요즈음은 전혀 그렇지 않다는 것이다. 아무리 좋은 기술과 아이템을 갖고 있더라도 다른 사람 혹은 기관으로부터 투자를 받으려고 하면, 비록 소액이라고 해도 쉽지 않다는 것이다. 그렇기 때문에 창업 후 어느 정도의 기간 동안에는 수익이 저조할 것을 예상하여 예비자금에 대한 고려가 필요하다.

이제 막 창업을 하면서 무리한 대출을 하게 되면 시작부터 자금압박을 받게 되어서 조그마한 환경의 변화에도 사업을 더 이상 지속할 수 없는 상황에 부닥치게 될 수 있다.

(3) 자금조달 및 운용계획표 작성

소요자금이 추정되고 자금조달능력이 있다고 판단이 되면, 자금조달 및 운용계획표를 작성해야 한다. 즉, 자금을 어떻게 조달하고, 어떻게 운용할 것인가에 대한 계획을 수립해야 한다는 것이다. 또한 계획표는 단기, 중기, 장기로 구분하여 작성할 수도 있을 것이다.

사실, 대부분의 예비창업자들은 어떻게 자금조달을 해야 할지를 제대로 모른다는 것이고, 막상 자금을 조달하려고 할 때에 쉽지 않다는 것을 알게 된다는 것이다. 따라서, 창업초기단계에서부터 너무 무리한 자금조달을 계획하면, 나중에 낭패를 볼 수 있다는 것을 알아야 한다.

소요자금 중에서는 소요시설자금 내역서와 소요운전자금 내역서를 작성해 보는 것이 필요하며, 창업자금조달 내역서는 자기자금조달 내역서와 타인자금조달 내역서로 구분하여 작성하는 것이 필요하다. 이러한 내역서의 형식은 인터넷 검색을 통해서 쉽게 찾을 수 있다. 사실, 예비창업자들이 인터넷 검색만 잘 활용하여도 창업아이템에 대한 정보뿐만 아니라 창업과 관련된 여러 서식들을 쉽게 찾을 수 있다.

☞ [YouTube 채널: 김영문_travel_and_sbiz]
본 내용과 관련하여 유튜브(YouTube)에 등록되어 있는 동영상 강좌는 다음과 같다.
① 창업자금의 수지분석
② 창업 시의 소요 자금

56. 홈페이지로서의 카페(cafe)와 블로그(blog)

요즈음은 전통적인 형태의 홈페이지(혹은 웹사이트)보다는 각종 포털사이트에서 무료로 제공되는 블로그(blog, web log의 준말)와 카페(cafe)를 웹사이트로 활용하는 기업 혹은 창업자들이 늘어나고 있는 실정이다. 또한 현재 홈페이지를 운영하고 있다고 할지라도 추가적으로 블로그와 카페를 개설하여 운영을 하게 되면 그만큼 홍보 및 마케팅의 효과가 커진다는 것이며, 아무리 많이 개설해도 돈이 들어가지 않는다는 장점까지 있다는 것이다.

사실, 저자의 경우에도 블로그와 카페를 포함하여 22개 정도를 운영하고 있는데, 무료라는 장점 외에도 홍보효과가 매우 크다는 것이다. 사실, 22개의 사이트를 관리하는 데 많은 시간이 필요할 것이라고 생각할 수도 있지만, 똑같은 글을 스크랩을 하거나 Ctrl+C를 이용하여 복사하고, Ctrl+V를 이용하여 붙이기를 하는 데 얼마의 시간이 걸리겠는가? 5분도 채 걸리지 않는다는 것이다. 만약에 100개의 블로그와 카페를 운영하고 있다고 생각해 봐라. 1시간 정도이면 100개의 사이트에서 내가 하는 일을 홍보할 수가 있다는 것이다. 얼마나 홍보효과가 클 것인가를 생각해 보면 될 것이다.

(1) 카페를 개설할 수 있는 추천 사이트

현재 다음(daum)과 네이버(naver)를 추천할 수 있는데, 카페를 개설하고 운영하는 기본적인 기능은 거의 비슷하다. 창업자의 입장에서 보면 적어도 다음과 네이버에서 동시에 개설하는 것이 좋으며, 아래와 같이 아이디를 동일하게 만드는 것이 가장 이상적이라고 할 수 있다.

① 다음 카페의 주소: cafe.daum.net/아이디
② 네이버 카페의 주소: cafe.naver.com/아이디
③ 홈페이지의 주소: www.아이디.co.kr, www.아이디.kr, www.아이디.com

카페를 한 번도 만들어 본 적이 없다면, 창업길라잡이(cafe.daum.net/isoho2jobs)의 [HTML◇포토샵◇카페◇옥션&이베이&G마켓 강의실]의 5~6번 글을 읽어보면 쉽게 만들 수 있다.

(2) 블로그를 개설할 수 있는 추천 사이트

블로그의 경우에는 다음(daum), 네이버(naver), 구글(google), 이글루스(egloos), 에이블뉴스(ablenews) 등에서 개설할 수 있는데, 카페를 만들 수 있으면, 블로그를 만드는 것은 너무 쉬운 일이다.

(3) 도메인 포워딩

도메인 포워딩(domain forwarding) 기능을 활용하면, 비교적 긴 카페

주소와 블로그 주소를 짧은 일차 도메인으로 연결하여 사용할 수가 있는데, 도메인 구입업체에 요청하면 된다. 예를 들어, cafe.daum.net/isoho2jobs와 같은 긴 주소를 www.mis.or.kr로 간략하게 바꾸어 접속할 수 있도록 한다는 것이다.

☞ [YouTube 채널: 김영문_travel_and_sbiz]
본 내용과 관련하여 유튜브(YouTube)에 등록되어 있는 동영상 강좌는 다음과 같다.
① 인터넷홈페이지로서 블로그와 카페
② 홈페이지형 블로그의 개발 및 운영
③ (네이버 및 구글) 블로그 만들기

57. 프랜차이즈 본사 시스템의 종류

프랜차이즈는 크게 상품판매형 프랜차이즈와 비즈니스 패키지형 프랜차이즈의 2가지로 분류할 수 있다([그림 16] 참조). 상품판매형 프랜차이즈의 대표적인 예로 대리점형태를 들 수 있으며, 비즈니스 패키지형 프랜차이즈로는 직영점, 가맹점, 그리고 자율체인점을 들 수 있다(유재은, 2000).

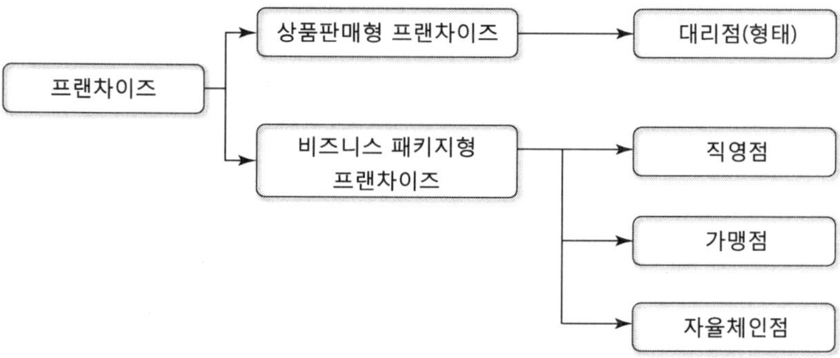

[그림 16] 프랜차이즈 시스템의 종류

(1) 상품판매형 프랜차이즈(product distributing franchise)

프랜차이즈 회사는 자사의 상품을 일정지역이나 위치를 기준으로 프랜차이지(franchisee)에게 제공하고 팔 권리를 주는 것으로, 브랜드

파워가 강한 상품의 제조회사가 주로 적용하는 프랜차이즈 기법이다.

(2) 비즈니스 패키지형 프랜차이즈(business-format franchise)

① 직영점(regular chain): 직영점 형태란 체인본부가 직접 점포마다 투자하고 직원을 파견하여 관리함으로써 브랜드의 이미지를 일관되게 통제하여 소비자에게 좋은 이미지를 심어주면서 경영하는 다점포 방식을 말한다(프랜차이즈 연구모임, 2001).

② 프랜차이즈 체인(가맹점, franchise chain): 프랜차이즈 체인 형태는 우리가 알고 있는 일반적인 체인점으로, 체인본부가 개점 및 경영에 관한 노하우를 구축하여 계약을 맺은 가맹점주에게 여러 가지 노하우와 상호의 사용, 상품 판매권, 공급권, 지역독점권 등을 주고, 영업을 지원하는 방식의 형태를 말한다(박주관, 2000).

③ 자율 체인(voluntary chain): 자율 체인 형태는 단독점포와 프랜차이즈의 중간 형태로 특히 공동브랜드나 동일 업종을 조합하여 전개해 나가는 체인 방식을 말한다. 즉, 체인본부는 최소한의 기능만 하고 점포주가 나름대로의 특성을 살려 융통성 있게 경영해 나갈 수 있는 형태를 말한다(프랜차이즈연구모임, 2001).

☞ [참고] 프랜차이즈 본사 창업에 관심이 있거나 준비하고 있는 예비창업자들은 위에서 제시한 여러 프랜차이즈 시스템의 종류 중에서 창업분야 혹은 창업아이템을 기준으로 하나 혹은 혼합형을 선택할 수 있을 것이다.

58. 소점포에서 활용할 수 있는 광고의 종류

소상공인 혹은 영세자영업자들의 경우에는 광고에 많은 돈을 투자할 수가 없는 실정이다. 이에 따라 적은 광고비로 최대한의 효과를 올릴 수 있는 광고전략이 필요하다.

① 전단광고: A4 1장 크기의 전단지를 만들어서 배포하는 것을 말하는데, 전단지는 신문 배달시 신문에 끼워 배달하는 방법, 고객을 직접 방문하여 배포하는 방법, 점포 앞에서 배포하는 방법, 박람회 혹은 행사 참가자들에게 배포하는 방법 등으로 구분할 수 있다.

② 구매시점광고(POP, Point Of Purchase): 고객이 상품을 구매하는 장소에서 수행하는 광고를 말하는데, 일반적으로 벽면에 포스터를 붙여 놓은 방법, 상징적 물건을 설치해 놓은 방법, 음식점에서의 메뉴판 등이 있다.

③ 우편광고: 우편을 통하여 광고를 하는 것인데, 아파트의 경우에는 단순히 아파트의 동과 호수만 적어도 발송이 된다는 이점이 있다. 하지만, 그렇게 대량으로 배달된 광고의 경우에 대해 많은 소비자들이 부정적인 반응을 보이고 있다는 점을 고려해야 한다.

④ 판촉물 광고: 성냥, 열쇠고리, 달력, 포스트잇 등의 판촉물을 나누어 줌으로써 광고를 할 수 있는데, 고객의 특성을 분석하여 다양한 판촉물을 준비하는 것이 필요하다.

⑤ 인명부광고: 전화번호부, 지역 내 상가 책자 등에 광고를 하는 방법이 있는데, 요즈음 상가 책자들의 종류가 워낙 많아서 발행부수 및 배부처를 분석한 후에 광고게재를 결정하는 것이 좋다.

⑥ 구전광고: 사람의 입을 통해 광고를 하는 것인데, 주로 주변의 인맥을 활용하게 된다. 구전광고는 고객이 오피니언 리더(opinion leader)인 경우에 특히 도움이 될 수 있다. 특히 여성들을 주고객으로 하는 창업인 경우에는 구전광고에 특별히 신경을 써야 한다.

⑦ 데몬스트레이션(demonstration): 상점에 온 고객들을 상대로 상품의 특성이나 사용법을 알리기 위하여 데몬스트레이션하는 것도 소매업에서 효과적으로 이용하는 방법의 하나이 될 수 있는데, 소점포의 경우에는 동시에 방문하는 고객의 수가 제한되어 있어 실질적인 효과는 별로 없는 실정이다.

⑧ 디스플레이(display): 고객의 주의를 끌고 구매의욕을 일으키도록 상품을 진열하는 것을 디스플레이 혹은 진열이라 한다. 이러한 디스플레이를 효과적으로 이용하기 위해서는 대상상품, 대상고객, 색채, 장소, 조명, 레이아웃, POP광고 효과 등을 구체적으로 검토할 필요가 있다.

⑨ 특별행사: 소매점에서는 일정한 기간 동안에 특별행사를 할 수 있다. 즉 새해맞이, 민속의 날 행사, 창립기념일, 입학, 졸업, 어

버이날, 어린이날, 정기바겐세일, 사은 대매출 등 여러 가지 특별행사를 할 수 있다.

☞ [YouTube 채널: 김영문_travel_and_sbiz]
유튜브(YouTube)에 등록되어 있는 [창업 그리고 홍보와 광고]에서 본 내용에 대해 설명하고 있습니다.

59. 언론홍보를 잘하는 방법

언론홍보는 기업, 단체 또는 관공서 등의 조직체가 커뮤니케이션 활동을 통하여 스스로의 생각이나 계획, 활동, 업적 등을 널리 알리는 활동을 말하는데, 광고의 대가를 지불하지 않는다는 특징이 있다. 즉, 신문, 잡지, 라디오, TV뉴스 등에 기업의 제품이나 서비스 혹은 기업 이미지를 뉴스거리로 제공할 수가 있다는 것이다.

사실, 창업기업의 경우에는 언론을 잘 활용하면 돈을 거의 들이지 않고도 엄청난 홍보효과를 기대할 수 있는데, 대부분의 벤처 혹은 창업보육센터 입주기업들의 경우에는 홍보를 전담하는 직원도 없는 실정이다. 또한 언론을 통한 홍보의 중요성은 인식하고 있지만, 언론에 부탁을 해야 한다고 생각하거나 많은 돈 혹은 든든한 인맥이 있어야 가능하다는 생각을 하고 있다. 하지만, 많은 언론관계자들을 만나보면 기사거리가 될 만한 정보에 목말라 하고 있으며, 좋은 기사거리를 늘 원한다는 것을 알 수 있다.

필자가 1998년부터 창업분야에서 일한 경험을 토대로 언론을 활용하는 홍보방법을 제시하면 다음과 같다. 사실, 일부 벤처기업들 중에는 언론에 기사 외의 다른 수단으로 접근하는 경우가 많은데 그것은 잘못된 것이며 평생 동안 함께 갈 좋은 친구를 사귄다는 마음으로 언론에 접근하는 것이 좋을 것이다.

① 언론에게는 좋은 기사를 준다는 생각을 가져야 한다. 일시적인 목적을 달성하기 위해 과장되거나 사실과 다른 자료를 언론에 보냈을 때에는 장기적으로 창업기업의 신뢰에 큰 손실을 감수해야 함을 생각해야 한다.

② 회사에서 신제품 및 신기술을 개발했거나 새로운 경영성과가 있을 때에는 언론에 메일로 발송하면 된다. 이런 것도 보도가 되겠나 하는 부정적인 생각보다는 기자의 입장에서 판단할 수 있도록 맡기면 것이다.

③ 창업기업의 사회적 책임을 생각하고, 이윤추구 외 사회적 활동에 적극 참여한다. 요즈음 많은 벤처기업에서도 공익적 활동에 참여함으로써 자사의 인지도 혹은 신뢰성을 높이는 활동에 적극 참여하고 있는 실정이며, 그렇게 함으로써 자연스럽게 언론에 노출될 수 있다는 것이다.

④ 인터넷언론을 효과적으로 활용하는 것은 매우 중요하다. 현재 국내에는 종이로 된 신문을 제작하는 언론과 인터넷에서만 존재하는 언론으로 구분할 수 있다. 인터넷언론은 상대적으로 보도될 가능성이 더 높으며, 효과 또한 종이신문을 제작하는 언론사에 비해 결코 떨어지지 않는다는 것이다. 현재 인터넷언론사는 연합뉴스(www.yonhapnews.co.kr), 뉴스와이어(www.newswire.co.kr), 뉴시스(www.newsis.com), 프레시안(www.pressian.com) 등이 있다.

⑤ 특정 언론사의 기사가 다음(daum), 네이버(naver), 구글(google), 네이트(nate) 등의 포털에 등록되는가 하는 것을 확인해야 한다.

이러한 포털에 기사가 등록되는 언론사가 더 효과가 있다는 것을 생각해야 한다.

☞ [YouTube 채널: 김영문_travel_and_sbiz]
본 내용과 관련하여 유튜브(YouTube)에 등록되어 있는 [언론을 활용한 홍보마케팅 방법]를 검색하여 들어보세요.

60. 상가책자 및 생활정보지를 연계한 홍보 및 광고

상가책자와 생활정보지를 활용하여 홍보와 광고를 할 때에는 기업의 다양한 SNS 사이트들의 주소를 포함시키는 것이 필요하며, 상가책자 및 생활정보지에서 상품 정보를 확인한 고객들을 SNS 사이트로 유입시키기 위해서는 할인, 경품 등을 제공하는 것이 필요할 것이다. 즉, 장기적인 관점에서 SNS 홍보, 광고 및 상품판매의 효과를 높이기 위해서는 온라인(on-line)과 오프라인(off-line)을 연계시키는 노력이 필요하다는 것을 의미한다.

(1) 상가책자

요즈음 어느 집이든지 상가책자 5-10권 정도는 있으며, 동네에 있는 배달음식점, 세탁소, 미장원, 수선집 등 다양한 점포들을 광고하고 있다. 이러한 상가책자들은 비용에 비하여 홍보효과가 비교적 좋으면서 단골고객들을 확보할 수 있다는 장점이 있으며, 무점포 창업아이템으로도 각광을 받고 있는 실정이다.

상가책자를 제작해주는 웹사이트들은 다음과 같으며, 협약을 맺은 점포주들이 공동의 마케팅을 위해 상가책자를 제작하여 배포하는 것이 좋다. 또한 상가책자에 있는 모든 업소에서 발행한 쿠폰을 공동으로 사용할 수 있게 하는 것은 상호 발전을 위해 많은 도움이 될 것이다.

① 상상애드(www.sangsang-ad.com)

② 스마트디앤피(www.smartdnp.com)

③ 캐시큐(www.cashq.co.kr)

④ 을지기획(www.ejpr.co.kr)

(2) 생활정보지

생활정보지는 주로 소규모의 광고로 지면을 채워 무가로 배포하는 신문이며, 일반 유가지에 비해 광고비가 싸기 때문에 소규모 안내광고에 적합한 매체이다. 생활정보지는 1989년 대전에서 『교차로』가 처음 창간된 이래, 급속히 늘어나 지금은 파악된 것만 해도 230여 종에 이른다. 1998년 기준으로 생활정보지의 시장규모는 5,000억원대 규모로 추산되고 있다. 『벼룩시장』과 더불어 정보지 시장에서 가장 큰 회사인 『교차로』의 현황을 보면, 전국에서 76개 지역판을 발행하며 하루 250만부를 배포한다. 인터넷이 보급되면서 생활정보지는 인터넷판도 발행되고 있다(한국학중앙연구원, jinju.grandculture.net).

① 벼룩시장(www.findall.co.kr)

② 교차로(www.icross.co.kr)

③ 대구 동네방네(www.d4b4.co.kr)

☞ [YouTube 채널: 김영문_travel_and_sbiz]
본 내용과 관련하여 유튜브(YouTube)에 등록되어 있는 [창업 그리고 홍보와 광고]를 검색하여 들어보세요.

61. 키워드 광고를 활용한 웹사이트의 인지도 향상

창업기업에서 홍보, 광고 및 상품판매를 위해 운영하는 다양한 종류의 웹사이트들을 많은 사람들에게 홍보하거나 접속하도록 하기 위해서 가장 효과적인 방법이 바로 웹사이트 내에서 진행할 수 있는 유료광고라고 할 수 있다. 물론 모든 웹사이트들에 대해 유료 광고를 진행할 수 있는 것은 아니지만, 요즈음은 유료 광고를 진행할 수 있는 방법이 다양하고 점점 더 발전되어 가고 있기 때문에 유료 광고가 가능한 웹사이트들을 선별한 후에 적극적으로 유료 광고를 진행하는 것이 필요하다.

한편, Daum 및 Naver 등의 포털사이트에서 진행할 수 있는 웹사이트에 대한 키워드 광고(keyword advertising)는 특정 키워드, 즉 검색어의 검색결과에 관련 있는 업체광고를 게재하는 100% 타겟팅된 맞춤광고 서비스이다. 키워드 광고는 해당 키워드를 검색하는 고객에게만 사이트를 홍보할 수 있어 보다 잠재 구매력이 높은 고객을 자신의 사이트로 이끌어준다. 이러한 키워드 광고는 크게 두 가지 방식으로 설명할 수 있는데(김영문, 2009), 국내 주요 포털사이트에서의 키워드 광고가 자주 변경된다는 것을 고려할 필요가 있다.

① CPC(cost-per-click) 방식 광고: 검색이 일어난 후에 노출되는 횟수에 상관없이 고객이 사이트를 클릭했을 때에 비용이 지불되

는 방식을 말한다. 즉, 광고주가 원하는 금액만큼 일정금액을 먼저 예치시킨 다음에 키워드 검색의 결과에 사이트를 노출시키고, 링크되어 있는 사이트를 클릭했을 때에 클릭당 비용을 차감시켜 나가는 방식을 말한다.

② CPM(cost-per-mille) 방식 광고: 일정기간 동안에 진행되는 광고에 대해 고정금액을 정액제로 지정한 후에 노출과 클릭에 상관없이 그 금액만큼만 진행되는 광고 방식을 말한다. 이 광고의 장점은 일정기간 동안 그 금액만 지급하면 그 고정자리를 유지하므로 특별한 관리가 필요 없다는 점이다. 국내 포털사이트에서 진행되는 광고로는 다음-스페셜 링크가 있다.

한편, 웹사이트 혹은 카페(cafe)의 홍보를 위한 키워드 광고는 다음(Daum)의 첫 화면 맨 아래에 있는 광고안내(☎1566-2100), 네이버(Naver)의 첫 화면 맨 아래에 있는 광고(☎1588-5896), 네이트(Nate)의 첫 화면 맨 아래에 있는 키워드 광고문의(☎1599-3401)에서 자세하게 알 수 있다. 사실, 키워드 광고를 처음 시작하려고 하는 경우에는 어떤 키워드 광고를 해야 할지를 잘 모르는데, 그러한 경우에는 전화로 상담을 받는 것이 필요하다. 또한 주요 포털에서 진행하고 있는 키워드 광고정책은 가끔 변경되는 경우가 발생하기 때문에 정기적으로 다음(Daum)의 광고안내, 네이버(Naver)의 광고, 그리고 네이트(Nate)의 키워드 광고문의에 접속하여 광고정책에 어떤 변화가 있는지를 살펴보는 것이 필요하다.

또한 다음(Daum)과 네이트(Nate)가 2011년 6월부터 키워드 광고분야에서 제휴를 하였다(아이뉴스24, 2011.04.14.). 이에 따라 창업자의 사이트 주소를 알려주고, 어떤 키워드를 선정하는 것이 좋은지, 한 달에 얼마 정도의 광고비를 책정하는 것이 바람직한지, 그리고 제휴 포털 간의 키워드 광고 진행방법 등에 대한 상담을 받는 것이 좋다. 아울러, 정기적으로 키워드 광고 사이트 내의 광고효과 보고서를 살펴봐야 한다. 즉, 개별 키워드별로 노출횟수, 클릭횟수, 클릭률, 평균클릭비용, 총비용을 살펴보면서 특정 키워드 광고를 계획해야 할지 혹은 중단해야 할지를 판단해야 한다.

한편, 네이버(Naver)에서는 검색광고(searchad.naver.com)의 교육센터에서 온라인 교육 및 오프라인 교육에 대한 자세한 정보들을 제공하고 있으며, 다음(Daum)에서는 검색광고(adnetworks.biz.daum.net)의 교육정보센터에서 온라인 교육 및 오프라인 교육에 대한 정보를 제공하고 있다. 이에 따라 창업자들은 네이버(Naver) 및 다음(Daum)에서 제공하고 있는 정보들을 자세하게 살펴보는 것이 효과적인 키워드 광고의 진행을 위해서 도움이 될 것이다.

한편, 네이버(Naver)에는 지식쇼핑(shopping.naver.com)이라는 독특한 광고상품이 있는데, [입점안내]에서 자세한 내용을 소개하고 있다. 다음(Daum)에는 쇼핑하우(shopping.daum.net)를 운영하고 있는데, 네이버(Naver)의 지식쇼핑과 유사한 방식으로 운영하고 있다. 한편, 네이버 지식쇼핑의 입점과 비용은 아래의 두 가지로 구분할 수 있다.

① CPC(Cost Per Click) 과금: 네이버 지식쇼핑은 상품구매 의사가 있는 이용자가 브라우징 또는 검색을 통해서 해당 상품을 확인

하고, 상품을 클릭하여 입점사의 쇼핑몰로 넘어갈 때마다 일정 금액(클릭당 단가)이 부과된다. 이러한 과금체계를 CPC 과금이라고 하며, CPC 과금은 상품이 등록된 카테고리별로 나누어 차등 적용된다.

② CPS Package 입점: CPS Package 입점시 매월 고정비와 지식쇼핑을 통한 매출액의 일정 %를 판매수수료로 부과한다. 입점을 하기 위해서는 쇼핑몰을 오픈한 지 6개월 이상 되고, 성인용품이나 네이버에서 취급하지 않는 상품을 제외하면 입점이 가능하다.

☞ **[참고]** 다음(daum), 네이버(naver), 구글(google), 네이트(nate) 등의 포털사이트에서 진행하는 키워드 광고는 수시로 변경되기 때문에 키워드 광고를 할 시점에서 포털사이트에 접속하여 살펴보는 것이 필요하다.

62. 고객서비스를 잘하기 위한 5가지 질문

창업을 하게 되면, 제일 먼저 생각해야 할 것이 바로 나의 고객이 누구인가 하는 것이라고 할 수 있다. 즉, '누가 내 고객이 될 것인가?'를 정확하게 이해를 해야 고객에 대해 제대로 서비스를 할 수 있다.

아울러, 고객서비스의 시작은 역지사지(易地思之)의 생각에서 시작되어야 한다. 즉, 고객과 나의 처지를 바꾸어서 생각해야 한다는 것이다. 특히 단골고객일수록 그만큼 더 서비스에 신경을 써야 할 것이다. 이것은 창업아이템을 도출할 때에도 마찬가지로 적용이 될 수 있는데, 다음과 같은 5가지의 질문을 던져봄으로써 고객서비스가 개선될 수 있다는 것이다.

① 고객이 불편하게 생각하는 것이 무엇인가? 예를 들어, 점포에 가지 않아도 고객들이 온라인에서 상품을 보고 구매할 수 있도록 하는 것 혹은 고객의 집까지 직접 배달을 해 주는 것은 바로 고객이 불편하게 생각하는 것을 해결해 주는 서비스라고 할 수 있다.

② 고객을 좀 더 만족시키기 위해 필요한 것은 무엇인가? 택배를 보내고 나면 배달확인 문자를 보내 주는 것은 고객을 좀 더 만족시키기 위한 서비스의 일환이라고 할 수 있다.

③ 어떻게 하면 서비스의 가치를 높일 수 있는가? 모든 고객들에게 공통적으로 제공되는 서비스가 아니라 특별히 나에게만 무료 혹은 할인된 가격에 제공된다고 느끼게 되어야 서비스의 가치를 높일 수 있다는 것이다.

④ 경쟁기업과 차별되는 서비스는 무엇인가? 와바(www.wabar.co.kr)에서는 명함을 붙인 유리병을 한쪽 벽면에 진열해 두고 다 마신 병맥주의 병뚜껑을 채우도록 하는 차별되는 서비스를 제공하고 있는데, 병뚜껑을 다 채우면 명예의 전당에 오를 수 있는 자격이 주어지고 1년 동안 원하는 안주를 무엇이든 무료로 먹을 수 있도록 해 고객의 재방문을 유도하는 데 효과를 발휘하고 있다.

⑤ 내 점포만이 특별히 제공할 수 있는 서비스는 무엇인가? 아웃백스테이크하우스(www.outback.co.kr)에서는 손님이 계산을 할 때에 계산서에 명언을 하나 써주기도 하고, 말만 잘하면 집에 갈 때에 무료로 빵도 제공해 주는 서비스를 제공하고 있다.

또한 고객이 무엇 때문에 다른 경쟁점포에 가지 않고 내 점포로 올 것인가를 생각해 보면, 고객 서비스 향상을 위한 중요한 정보를 얻을 수 있다. 점포 위치가 이용하기에 편리해서 올 수도 있고, 다른 점포에는 없는 상품을 판매하기 때문에 방문할 수도 있다는 것이다. 이러한 점포방문의 동기에 대해 분석을 해 볼 필요가 있다는 것이며, 지역 내 고객 대비 지역 외의 고객에 대한 분석도 필요할 것으로 판단된다.

☞ **[참고]** 고객을 만족시킬 수 있는 가장 좋은 방법은 바로 창업자 중심

적 사고가 아니라 고객중심적 사고(customer-oriented thinking)에서 출발한다는 것을 잊어서는 안 된다.

☞ [YouTube 채널: 김영문_travel_and_sbiz]
본 내용과 관련하여 유튜브(YouTube)에 등록되어 있는 [고객서비스를 위한 질문]을 검색하여 들어보세요.

63. 목표시장의 선정 및 타겟마케팅

타겟마케팅(target marketing)은 하나 혹은 그 이상의 세분화된 시장을 선정한 후에 각 세분시장에 맞는 포지셔닝 전략(positioning strategy)과 마케팅믹스 전략을 수행하는 마케팅 활동을 말한다. 타겟마케팅을 제대로 이해하기 위해서는 ① 시장세분화, ② 포지셔닝, ③ 마케팅믹스 전략에 대한 이해가 선행되어야 한다.

첫째, 목표 마케팅을 하기 위해서는 하나의 큰 시장을 여러 개의 작은 시장으로 세분화하는 작업이 이루어져야 하는데, 이것을 시장 세분화(market segmentation)라고 한다.

둘째, 포지셔닝(positioning)이라는 용어는 브랜드 이미지와 같은 의미를 지칭하는 것으로 사용되어 왔는데, 포지셔닝이라고 하는 용어가 브랜드 이미지와 다른 점은 전자가 '경쟁 상대'를 의식하고 있다는 점이다. 또한 포지셔닝이란 경쟁 상태 내에서의 위치 부여, 소비자의 욕구, 제품 특성 등 세 가지 요소를 통합적으로 고찰함으로써 성립된 개념이며, 포지셔닝 전략은 경쟁사가 소구할 수 없는 독특한 포인트를 어필함과 동시에 그것이 바로 소비자의 욕구와 합치하는 것이고, 그것이 제품의 특성이라는 포인트를 발견하는 것이다.

예를 들어 초콜릿바를 '야근시 출출할 때 먹는 스낵'으로 포지셔닝한 것은 다른 초콜릿바가 어린이층에 타깃을 맞추어 맛을 강조하고 있는 데 비해 훨씬 톡톡하고 동시에 타깃의 욕구에도 부응한 좋은 예인 것이다. 즉, 포지셔닝이란 한마디로 정의한다면, 적소(適所: niche=이미지 지도에 있어서의 최적 장소)의 발견이라 하겠다.

셋째, 마케팅믹스 전략은 마케팅의 4P인 제품(Product), 가격(Price), 유통(Place), 판매촉진(Promotion)의 4가지 측면에서 그 전략방안을 적절하게 배합하여 수행하는 것이라고 할 수 있다. 즉, 목표시장에 효과적으로 도달하고 창업기업의 성과를 달성하기 위하여 관리하여야 할 통제 가능한 요소들을 통일적이며 합리적으로 배합하여 최적결합을 결정하는 마케팅 활동이라고 할 수 있다.

한편, 전체 시장을 몇 개의 세분시장으로의 세분화에 따른 마케팅전략은 다음과 같이 세 가지로 나눌 수 있다.

① 비차별적 마케팅전략(undifferentiated marketing strategy): 소비자의 공통된 욕구를 하나로 간주하여 이에 부응하는 상품을 취급하는 전략이다.

② 차별적 마케팅전략(differentiated marketing strategy): 소비자 욕구의 다양화에 발맞춰 소비자시장을 공통적인 속성을 갖는 세분시장으로 세분화하고, 각 세분시장 계층에 대응하는 마케팅 활동을 전개하는 합리적이고 소비자 지향적인 마케팅전략이다.

③ 집중적 마케팅전략(concentrated marketing strategy): 하나 혹은 몇 개의 세분시장에서 다른 점포보다 시장점유율을 높이려고 시도하는 전략이다.

☞ **[참고]** 컴퓨터와 인터넷 시대에 창업자들이 잘못 생각하는 것 중의 하나가 바로 전국 혹은 전세계의 고객들을 대상으로 상품과 서비스를 판매할 수 있다는 것인데, 자금력, 인력 등에서 부족한 창업초기단계에서는 타겟마케팅(target marketing)으로 승부를 해야 한다는 것이다.

☞ [YouTube **채널: 김영문**_travel_and_sbiz]
본 내용과 관련하여 유튜브(YouTube)에 등록되어 있는 [목표마케팅과 목표시장 선정전략]을 검색하여 들어보세요.

64. 창업자에 대한 벤치마킹 및 절차

누구나 창업에 성공하고 싶어하지만, 실제로 성공보다는 실패하는 사람들이 더 많다는 것도 사실이다. 사실, 창업을 하기 전에는 기술과 어느 정도의 자금만 있으면 대박을 터트릴 수 있다고 생각하지만, 막상 창업을 하면서 느끼는 것은 모든 것이 예상대로 되지 않는다는 것이다. 그리고 계획했던 것보다 자금이 더 많이 소요되거나, 개발기간이 더 길어지거나, 시장개척이 제대로 되지 않는 등 차질이 생기는 경우가 한두 번이 아니라는 것이다.

이러한 차질 혹은 실패를 줄일 수 있는 방법으로 경영학에서 오랜 기간 동안 도입된 것이 바로 벤치마킹(benchmarking)이라는 것이다. 일반적으로 벤치마킹이란 어느 특정분야에서 우수한 상대를 표적삼아 자기 기업과의 성과 차이를 비교하고 이를 극복하기 위해 그들의 뛰어난 운영 프로세스 등을 배우면서 부단히 자기혁신을 추구하는 기법이다. 즉 창업자 자신보다 훨씬 더 뛰어난 상대에게서 배울 것을 찾아서 배우는 것이다.

벤치마킹은 기본적으로 측정 프로세스이나 이러한 측정 프로세스는 결과적으로 상대방의 성과를 비교하는 데만 그치는 것이 아니라, 상대방의 우수한 성과가 어떻게 도출되었는가 하는 방법론적인 노하우까지도 비교대상으로 삼는다. 즉, 벤치마킹 활동의 결과물로는 상대적인 성과의 비교뿐만이 아니라 우수한 성과를 가져오게 된 동인(enabler)도 분석하여 제시되어야 한다.

한편, 창업자의 입장에서 성공한 창업자에 대한 벤치마킹기법은 대체로 다음과 같은 순서에 의해 진행할 수 있다.

① 적용분야의 선정: 창업분야, 아이템, 홍보와 광고, 판로개척 등 분야를 선정한다.

② 상대의 결정: 적용분야에서 매우 성공적인 창업자를 선정한다.

③ 정보수집: 적용분야를 어떻게 수행하고 있는지에 대한 정보를 수집한다.

④ 성과 차이의 확인 및 분석: 창업자와 성공한 창업자 간에 어떤 차이가 있는가에 대해 구체적으로 분석한다.

⑤ 혁신계획의 수립: 차이를 좁힐 수 있는 혁신계획을 수립하고 점검한다.

⑥ 실행 및 평가: 혁신계획을 실행하면서 정기적으로 성과를 평가한다.

이러한 벤치마킹기법은 바로 창업분야에서 매우 효과적으로 활용될 수 있는데, 매우 성공적으로 창업을 한 사람 혹은 창업기업을 조사하여 현재 내가 진행하고 있는 일들과의 차이를 비교함으로써 결과적으로 매우 성공적인 창업자 혹은 기업을 따라가려고 하는 노력이라고 할 수 있다. 즉, 벤치마킹을 통해 성공적인 창업자들이 어떤 측면에서 나와 차이가 있는가를 발견할 수 있는 것이다.

☞ [YouTube 채널: 김영문_travel_and_sbiz]

본 내용과 관련하여 유튜브(YouTube)에 등록되어 있는 동영상 강좌는 다음과 같다.

① 벤치마킹 전략

② 인맥형성과 벤치마킹

65. [추천 창업아이템] 생활밀착형 편의대행 창업

(1) 창업아이템의 개요

생활밀착형 편의대행 창업은 생활 심부름, 음식 사다주기, 백화점 심부름, 강아지 맡기고 찾아주기, 병원처방전 약 찾아오기, 고속버스 화물붙이기, 우체국 심부름, 구청관공서 업무, 동사무소 업무, 예식 축의금 전달, 은행 및 계좌이체 심부름, 줄서주기, 못박아주기, 가구재배치, 간단한 물건전달 등의 서비스를 제공하는 창업아이템이다. 또한, 향후 혼자 사는 1인 가구가 증가할 것으로 예상되며 동시에 노인인구도 크게 증가하고 있는 실정이다. 이러한 상황을 보더라도 생활편의를 제공하는 각종 대행서비스와 위생 및 환경관련 서비스업도 성장할 것으로 전망된다(머니투데이, 2011.1.2.).

(2) 창업성공사례 및 관련 사이트

애니맨(www.anyman.co.kr)은 24시간 심부름을 해 주는 창업을 지원해 주고 있으며, 맥스원서비스(www.1600-5151.com)에서는 하나의 통합된 콜센터를 활용하여 대리운전, 꽃배달, 퀵서비스, 탁송서비스를 제공하고 있으며, 아울러 신규 창업도 지원하고 있다.

(3) 핵심 성공요소 및 준비사항

① 생활밀착형 편의대행의 종류가 워낙 많기 때문에 서비스 제공을 위해 필요한 시간과 수익을 비교하고 분석한 후에 전문화 및 차별화를 시키는 것이 필요할 것이다.

② 서비스를 제공하는 인력을 내부와 외부 인력으로 구분하는 것이 필요하며, 인력의 모집 후 적절한 교육과 훈련을 실시하는 것이 필요하다. 이를 통하여 고객에게 친절하게 그리고 정확하게 서비스를 제공할 수 있도록 해야 한다.

③ 본사에서 모든 서비스를 제공하기보다는 가맹점 혹은 유사 업체와 제휴를 통해 통합된 서비스를 제공하는 것이 인력의 절감 및 경쟁력의 강화 측면에서 유리하다.

66. 경쟁정보의 수집 및 관리

지피지기 백전불태(知彼知己百戰不殆)라는 말이 있는데, 상대를 알고 나를 알면 백 번 싸워도 위태롭지 않다는 뜻이다. 즉, 상대편과 나의 약점과 강점을 충분히 알고 승산이 있을 때 싸움에 임하면 반드시 이길 수 있다는 의미로 해석을 할 수 있다.

창업도 마찬가지인데, 창업은 나 혼자만이 하는 것이 아니기 때문에 평소에 경쟁정보(competitive intelligence)의 관리는 필요하다. 즉, 항상 현재 경쟁자 혹은 잠재적 경쟁자를 체크해야 한다는 것이다. 사실, 경쟁자에 대한 정보를 수집하는 것 역시 앞에서 언급한 창업관련 정보를 수집하는 것과 특별한 차이는 없다. 다만, 전반적인 창업정보보다는 경쟁자의 정보수집에 더 많은 관심을 써야 한다는 것이다.

따라서 경쟁정보의 수집 및 관리의 측면에서 몇 가지 생각해 볼 것은 다음과 같다.

① 경쟁기업의 홈페이지를 방문하는 것이 좋다. 특히 인터넷쇼핑몰 창업자라면 경쟁기업의 쇼핑몰에서 어떤 상품이 새롭게 등록이 되었는지, 판매가격은 어떻게 조정이 되었는지, 그리고 어떤 판매촉진 활동을 하고 있는지를 파악할 수가 있다는 것이다.

② 경쟁기업의 언론보도 자료를 검색함으로써 새로운 기술의 개발, 판로개척, 사업방향의 주요 변화 등에 대한 정보를 수집할 수가

있다.

③ 경쟁기업의 점포 혹은 가맹점을 방문함으로써 신상품의 도입, 인테리어의 변화, 고객의 방문 등을 체크할 수가 있다.

④ 경쟁기업에 대한 소비자 의견 조사 및 분석을 실시할 수도 있는데, 자사와 비교한 경쟁점포에 대해 소비자가 어떤 생각을 갖고 있는지를 할 수 있다.

⑤ 경쟁기업 제품의 구입 및 서비스를 이용해 봄으로써 자사의 제품과 비교해 볼 수 있으며, 경쟁력을 강화시킬 수 있는 방안도 도출할 수 있다.

사실, 경쟁정보를 효과적으로 수집하고 관리하기 위해서는 여러 가지의 활동이 필요한데, 먼저 경쟁정보의 중요성을 인식하고 외부 전문가들로 하여금 내부 직원에 대해 경쟁정보의 관리에 대해 교육시키는 것이 필요하다. 1인창업이 아니라 직원들이 있는 경우에는 특히 사내의 공감대를 형성하는 것이 매우 중요하다.

또한 경쟁기업을 지속적으로 추적·관찰함으로써 단순히 경쟁사와의 비교가 아니라 조직적이고 전문적인 모니터링의 기획과정을 통해서 경쟁정보의 데이터베이스(database)를 구축하고 운영하는 것이 필요하다. 이를 통해서 경쟁정보의 관리는 결국 창업기업의 생산성 향상 및 경쟁력 강화에 초점을 두어야 할 것이다.

☞ **[참고]** 경쟁정보의 관리와 관련하여 알아야 하는 것이 바로 SWOT 분석이다. SWOT는 Strength(강점), Weakness(약점), Opportunities(기회), Threats(위협)의 합성어이며, SWOT분석이란 SWOT를 이용하여 문제

를 분석하는 것이다. 예를 들어, 경쟁자와 비교하여 창업자의 내부환경을 Strength(강점)과 Weakness(약점)로 구분하여 분석을 한다. 아울러, 창업자를 제외한 외부환경을 Opportunities(기회)와 Threats(위협)로 세분하여 분석한다.

☞ [YouTube 채널: 김영문_travel_and_sbiz]
본 내용과 관련하여 유튜브(YouTube)에 등록되어 있는 [창업자의 경쟁정보 관리]를 검색하여 들어보세요.

67. 고객의 만족도에 대한 조사

창업을 하면 고객에 대해 관심을 가져야 하는데, 고객이 무엇을 원하는지에 대해 폭넓게 이해하기 위해서는 설문, 면담 및 관찰조사를 통해 얻을 수 있다. 또한 이렇게 얻어진 자료는 통계처리를 함으로써 깊은 분석이 가능하고, 시간에 따른 변화추세도 관찰할 수 있다.

예를 들어, 창업기업이 자사의 제품과 서비스를 이용하는 고객에 대한 통계는 다음과 같은 정보를 분석할 수 있는 목적으로 만들 수 있다.

① 고객이 얼마나 만족하는가?
② 고객의 불만 혹은 요구사항이 무엇인가?.
③ 경쟁기업과 비교한 고객의 태도 혹은 선호도는 어떠한가?
④ 고객의 만족도를 높이기 위해서 무엇이 더 개선되어야 하는가?
⑤ 향후 재방문, 추천 혹은 재구매 의사가 있는가?

고객들에 대한 위와 같은 사항들을 제대로 분석하기 위해서는 엑셀(Excel)의 피벗 테이블(pivot table) 만들기 기능만 이용해도 충분히 가능하지만, 장기적인 관점에서의 추세분석 등을 위해서는 SPSS(Statistical Package for the Social Sciences)를 이용하는 것이 필요할 것이다. SPSS를 이용하여 고객들에 대한 분석을 실시하는 절차는 다음과 같다.

① 설문지를 만든다. 설문지는 아무리 많아도 15문항 이내로 만들되 복수 응답이 가능하도록 하는 것도 필요하다.

② 설문조사를 실시한다. 설문조사는 가능하면 많은 고객이 참여할 수 있도록 하되, 인구통계학적 특성(성별, 연령, 학력 등)에 따라 골고루 참여할 수 있도록 한다.

③ 엑셀로 코딩을 한다. 통계적 분석을 실시하기 전에 개별 고객들이 응답한 내용들을 엑셀 파일로 만들어야 한다. 한 사람의 응답지에 대해 한 줄로 코딩을 하면 된다.

④ 엑셀의 피벗 테이블(pivot table) 만들기 혹은 SPSS로 분석을 하는데, 빈도분석, 평균값 산출, 인구통계학적 특성(성별, 연령, 학력 등)에 따른 비교 분석이 필요할 것이다.

⑤ 결과를 해석하며, 보고서를 만든다. 설문결과를 보고서로 만들어서 창업기업이 고객의 만족도를 높이고 경쟁력을 강화하는데 활용한다.

창업관련 통계는 정기적으로 계속 만들어야 하며, 몇 년간의 결과를 계속 비교해 가면서 고객들의 만족도가 향상될 수 있도록 노력해야 할 것이다. 사실, 외식업을 하면서도 고객의 만족도 혹은 반응에 대해 거의 조사를 하지 않는다면 고객지향적 경영이 아니라 창업자 중심의 경영을 하고 있다고 해도 과언이 아닐 것이다.

☞ **[참고]** 다양한 종류의 설문지 샘플은 창업길라잡이(cafe.daum.net/isoho2jobs)의 [문서&양식&논문◇설문지♤용어♤창업통계♤지식iN] 게시판에 등록되어 있다.

☞ [참고] 피벗 테이블(pivot table)은 데이터 처리의 한 기법이며, 커다란 표(예: 데이터베이스, 스프레드시트 등)의 데이터를 요약하는 통계표를 말한다. 이 요약에는 합계, 평균, 기타 통계가 포함될 수 있으며 피벗 테이블이 이들을 함께 의미 있는 방식으로 묶어준다(위키백과, ko.wikipedia.org/wiki).

☞ [YouTube 채널: 김영문_travel_and_sbiz]
본 내용과 관련하여 유튜브(YouTube)에 등록되어 있는 [창업관련 통계 만들기]를 검색하여 들어보세요.

68. 창업자의 매출, 매출원가, 경비 및 이익 관리

창업기업의 경영자(CEO)가 해야 하는 가장 중요한 업무 중의 하나는 바로 매월 혹은 정기적으로 매출, 매출원가, 경비, 이익을 관리하는 일이라고 할 수 있다. 이를 위해서는 〈표 6〉과 같이 만들어서 수작업으로 관리할 수도 있으며, 엑셀(Excel)과 같은 소프트웨어를 활용하여 관리할 수 있을 것이다.

① 매출의 경우에는 주력 상품 혹은 메뉴별로 세분화를 시킬 수 있다. 이를 통해 월별 혹은 계절별로 어떤 상품이 잘 팔리는지 혹은 어떤 상품의 매출이 부진한지를 정확하게 파악할 수 있다.

② 매출원가는 상품을 도매시장에서 구입했을 경우에는 구매원가라고도 할 수 있는데, 구매원가는 상품의 구매원가뿐만 아니라 상품을 구매하기 위해 소요된 경비도 포함시켜야 한다.

③ 경비의 경우에는 창업의 업종 혹은 아이템에 따라 상당한 차이가 있을 수 있으며, 세금(부가가치세, 소득세 등)도 고려하여 작성할 수 있다.

④ 엑셀(Excel)과 같은 소프트웨어를 활용하여 관리하는 경우에는 항목별로 그래프(graph)를 그려서 추세의 변화도 살펴볼 수 있을 것이다. 그렇게 되면, 거시적인 관점에서 매출, 매출원가, 경비, 이익의 관리가 가능하다는 것이다.

〈표 6〉 창업기업의 매출, 매출원가, 경비 및 이익의 관리

항 목			창업 3개월후	창업 6개월후	창업 9개월후	창업 1년후
매출 ①						
매출원가 ②						
경비	점포유지비	임대료				
		관리비				
		수도광열비				
		통신비				
		수선유지비				
	인건비	급여 및 수당				
		상여금				
		복리후생비				
	영업비용	교제비				
		교통비				
		운송비 외				
	금융비용	차입금 이자				
		리스, 렌탈료				
	용품대	소모품, 사무용품				
	기타 비용	보험료				
		광고선전비				
		잡비				
	경비 합계 ③					
이익 ①－②－③						

69. 창업자의 경영능력 향상을 위한 실천사항 5가지

창업의 성패에 영향을 미치는 요소는 매우 많지만 가장 중요한 것은 바로 창업자 자신이라고 할 수 있다. 창업하고자 하는 분야에서 필요한 창업이론과 실무지식을 갖추는 것 외에 필요한 것이 있다면 바로 창업자(CEO)로서의 경영능력 향상이라고 할 수 있다. 이를 위해서는 아래와 같은 5가지 분야에서의 노력이 필요할 것이다.

(1) 정보수집 및 분석

창업기업의 경영과 관련된 정보를 수집, 분석하기 위해서는 창업을 지원하는 정부 및 민간사이트에 가입을 하는 것인데, 회원가입을 하면 중요한 내용들을 메일로 받을 수 있다. 아울러, 관련 신문 및 전문지를 구독하는 것 외에 인터넷사이트를 자주 접속하는 것도 좋은 방법이 되는데, 하루에 1~2시간은 새로운 정보를 접하는 데 보내는 것이 좋다.

(2) 데이터베이스 구축

창업자가 보유하고 있는 각종 자료들을 데이터베이스(database)로 구축하여 활용하는 것이 필요하다. 기업관련 자료, 창업동향 자료, 명함 및 연락처 등을 데이터베이스로 구축해야 하는데, 명함의 경우에는 엑셀로 데이터베이스화를 하면 매우 편리하다. 엑셀파일로 메일에

보관해 두면 언제든지 필요한 사람의 연락처를 찾을 수 있다는 것이다. 창업자는 자신만의 방법으로 중요한 정보들을 데이터베이스화하도록 해야 한다.

(3) 교육훈련에 참여

창업기업에서의 교육훈련을 보면 주로 직원에 대한 교육을 강조하는 경향이 있는데, 최고경영자로서의 창업자도 많은 교육을 받아야 한다. 창업환경은 신속하게 변하고 있으며, 기술의 라이프 사이클도 매우 짧다. 그로 인해 창업자는 경영자로서의 능력을 향상시킬 수 있는 다양한 교육훈련 프로그램에 적극 참여해야 한다. 새로운 기술, 새로운 경영혁신방법 등을 적극 수용하는 자세가 필요할 것이다.

(4) 교류 및 벤치마킹

창업자들의 교류모임에 적극 참여하고, 더 낳은 성과를 올리고 있는 기업에 대한 벤치마킹을 통해 창업기업의 기술향상과 더불어 매출증대에도 크게 기여할 수 있다. 그렇게 하기 위해서는 기관 및 단체의 모임에 적극 참여해야 한다.

(5) 언론 및 관공서의 인맥형성

창업기업이 성장하기 위해서는 언론과 관공서의 도움도 많이 필요하며, 평소에 동일한 분야의 기사를 쓰는 기자들과 인맥을 형성해 두는 것도 좋다. 아울러, 창업분야의 업무를 담당하는 공무원들과의 인맥을 통해서도 많은 정보를 접할 수 있을 것이다.

70. 창업아이템을 찾기 위한 국내 및 해외 도매시장의 활용

창업자가 직접 상품을 제조하지 않는다면, 결국은 도매시장에서 저렴한 가격에 상품을 구매한 후에 창업자의 마진을 더 해서 판매를 하게 된다. 아울러 많은 예비창업자들이 유망한 아이템을 찾지 못해서 고민을 하고 있는데, 그것은 국내 및 해외 도매시장을 전혀 가지 않는다는 말로도 그 원인을 설명할 수 있다.

아래는 국내의 주요 도매시장, 해외의 주요 도매시장, 그리고 온라인 도매시장을 정리한 것인데, 창업길라잡이(cafe.daum.net/isoho2jobs)의 [국내 및 해외 도매시장] 게시판에는 국내 및 해외 도매시장에 대한 정보들을 무료로 제공하고 있다. 특히 일본 오사카 도매시장에 대해서는 총 75개의 동영상으로 제작되어 있어, 일본 보따리무역에 관심 있는 창업자들에게 많은 도움이 될 것이다.

(1) 국내 도매시장

① 동대문 도매시장: 청계천 주변의 의류, 신발, 가방 관련 제품 등을 판매하는 약 30여개의 상가로 구성되어 있는 도매시장이다.

② 남대문 도매시장: 서울역 근처의 악세사리, 외국수입상품 등을 판매하는 상가들이 밀집되어 있는 곳이다.

③ 화곡동 도매시장: 서울 지하철 까치산역 인근에 있는데, 중국상품만 취급하는 도매상가가 260개 정도 밀집되어 있다.

④ 부산 국제시장 및 깡통시장: 부산 지하철 자갈치역에서 내리면 되는데, 일본 상품을 판매하는 상가들이 많다.

(2) 해외 도매시장

① 일본 오사카 도매시장: 부산에서 배로 가는데, 5박 6일의 일정으로 60만원 정도가 소요되며, 창업길라잡이(cafe.daum.net/isoho2jobs)에서는 매월 탐방행사를 진행하고 있다.

② 중국 이우시장: 이우라이토(www.yiwuraito.com), 에스엠프라자(www.smplaza.co.kr)에서 이우시장, 광저우시장에 대한 탐방행사 및 현지 연수를 진행하고 있다.

(3) 온라인 도매시장

① 나까마(www.naggama.co.kr)

② 베스트켓(www.bestket.com)

③ 다음(daum), 네이버(naver) 등과 같은 포털에서 도매, 덤핑 등을 검색하여 온라인 도매시장을 찾으면 된다.

☞ [YouTube 채널: 김영문_travel_and_sbiz]
본 내용과 관련하여 유튜브(YouTube)에 등록되어 있는 [국내 및 해외 도매시장]을 검색하여 들어보세요.

71. 중국 및 일본 보따리무역의 준비

최근 창업시장의 동향을 살펴보면, 중국과 일본에서 상품을 구매한 후에 국내시장에서 판매하려는 보따리무역에 대한 관심이 높다고 할 수 있다. 물론 이베이(www.ebay.com)에 상품을 등록하여 전 세계 고객들을 대상으로 판매를 하고 있는 창업자들도 있지만, 이베이는 옥션과 G마켓 등과 같은 국내 오픈마켓에 비해 상품등록이 불편하면서 사소한 일에도 아이디를 정지시키는 등 상품을 판매하기에 상당히 까다로운 점이 많다.

중국 및 일본 보따리무역에 관심 있는 예비창업자들을 위해 준비해야 할 사항 및 성공전략을 제시하면 다음과 같다.

① 사업자등록을 해야 한다. 요즈음 보따리무역은 사업자동록도 해야 하고 부산항구에서 통관을 할 때에 관세(tariff)도 납부해야 한다.

② 외국어(중국어, 일어)를 조금은 알아야 하는데 전혀 모르면 전자사전을 갖고 다니면 된다. 일본의 경우에도 일어를 전혀 몰라도 상품을 구입하는 데 아무런 문제가 없다.

③ 도매상에 출입할 수 있는 멤버십 카드를 발급받아 세일정보, 할인정보를 항상 관리해야 하는데, 멤버십 카드는 사업자등록이 있어야 발급이 된다.

④ 본인이 관심 있는 상품을 판매하는 매장의 위치와 특성을 파악한다.

⑤ 상품구매와 관련된 각종 경비를 최대한 절감하도록 해야 하는데, 경비가 구매원가에 포함된다는 것을 잊지 말아야 한다.

⑥ 여러 명의 상인들이 상호 협력하면 좋은데, 세일정보도 교환하고 때로는 공동구매를 통해 구매원가를 낮출 수 있다는 것이다.

⑦ 교통(버스, 지하철), 민박에 대해 파악해야 하는데, 일본의 경우에는 한국과 교통흐름이 반대라는 것도 알아야 한다. 예를 들어, 일본 오사카 지역의 지도에 특정 품목을 판매하는 도매상의 위치와 교통이용에 대해 자세하게 메모를 해 두면 좋다.

⑧ 관심품목에 대해 국내시장의 상황에 대해 사전에 조사하는 것이 중요한데, 인터넷쇼핑몰, 오프라인 점포, 백화점 등의 판매 및 가격동향에 대한 시장조사가 선행되어야 한다.

⑨ 중국 및 일본의 브랜드에 대해 공부를 해야 하는데, 국내 소비자들은 어떤 브랜드를 특별히 더 선호하는지에 대해 파악을 해야 한다.

⑩ 어디에서 어떻게 판매할 것인가를 생각해야 하는데, 이것은 어떤 상품을 구매할 것인가 하는 것과도 직결되는 매우 중요한 문제이다.

사실, 많은 예비창업자들은 중국 혹은 일본에 가보지도 않고 무엇을 해야 할지를 모르겠다고 한다. 국내의 남대문 시장, 국제시장, 깡통시장에만 가도 해외 상품을 판매하는 매장들이 매우 많으며, 중국과 일본의 아이템에 대한 기본적인 정보들은 충분히 수집할 수 있다.

☞ **[참고]** 중국과 일본 보따리무역의 경우에는 열심히 다리품을 팔아야 한다는 것을 생각해야 한다. 막연한 구상을 현실로 만들기 위해서는 현장을 다니면서 상품을 찾아야 한다는 것이다. 비록 중국과 일본 보따리무역을 하기 위해서는 비행기 혹은 배로 해외로 가야 하고, 낯선 땅에서 많이 걸어 다녀야 하는 불편함이 있지만 국내시장에서는 갖지 못하는 새로운 기회를 만날 수 있는 장점이 있다. 또한 가격비교가 쉽지 않기 때문에 차별화된 상품으로 고가격에 판매하여 많은 이윤을 남길 수도 있다.

☞ **[참고]** 일본창업연구소(https://cafe.naver.com/limdk325)에서는 일본 보따리무역 창업을 희망하는 사람들에게 일본 현지연수를 정기적으로 진행하고 있다.

72. 이베이(eBay)의 이해 및 상품판매 프로세스

(1) 이베이(eBay)의 이해

먼저 이베이(eBay)에 대해 알아보면 다음과 같다(네이버 백과사전, 100.naver.com). 1995년에 미국 캘리포니아주의 산호세에서 컴퓨터 프로그래머인 피에르 오미디야르(Pierre Omidyar)가 옥션웹(AuctionWeb)이란 이름의 개인 경매사이트를 열었다. 처음 취급한 품목은 결함이 있는 레이저 포인터였는데 이것이 14.83달러에 팔리면서 인터넷 경매의 가능성을 보여주었다. 1996년에 제프 스콜(Jeff Skoll)이 회사의 첫 번째 사장으로 고용되었으며, 1997년에 회사 이름을 옥션웹에서 이베이(eBay)로 바꿨다.

회사는 1998년에 오하이오주의 신시내티에 있는 경매 사이트인 업포세일닷컴(Up4Sale.com)을 인수한 것을 시작으로 2001년에는 남미의 전자상거래 사이트인 메르카도 리브레(Mercado Libre)를, 2002년에는 온라인 결제대행사인 페이팔(PayPal)을, 2003년에는 중국의 포털 사이트인 이치넷(EachNet)을, 2004년에는 인도의 경매 사이트인 바지닷컴(Baazee.com)을, 2005년에는 영국의 부동산 중개 사이트인 검트리(Gumtree)와 웹폰 회사인 스카이프(Skype)를 인수하는 등 영역을 세계로 넓혀나갔다. 2006년에는 세계적인 인터넷 포털 사이트인 구글

(Google)과 제휴를 맺었으며, 한국의 대표적인 오픈마켓 서비스인 옥션 및 G마켓을 인수하였다.

(2) 상품판매 프로세스

이베이(eBay) 판매는 기본적으로 옥션, G마켓 등의 오픈마켓과 거의 동일한 프로세스가 진행된다. 국내 오픈마켓에서의 경험이 있으면, 이베이를 활용한 전자상거래는 매우 쉽다.

한편, 이베이에서의 상품판매 프로세스는 [그림 17]과 같이 설명할 수 있다.

① 셀러가 이베이(eBay)에 상품을 등록한다.
② 바이어가 상품을 구매한다.
③ 바이어가 구매한 상품에 대해 결제한다.
④ 셀러가 바이어의 입금을 확인한다.

[그림 17] 이베이의 상품판매 프로세스(자료원: cafe.naver.com/amazonsellers)

⑤ 셀러가 바이어에게 상품을 발송한다.

⑥ 바이어가 상품을 수령한다.

⑦ 셀러와 바이어가 상호 피드백(feedback)을 교환한다.

☞ **[참고]** 피드백(feedback)은 바이어와 셀러 간의 거래 만족도를 평가하는 것을 말하는데, 바이어는 셀러에게 positive(+1점), negative(−1점), neutral(0점)의 피드백을 줄 수 있으며, 셀러는 바이어에게 positve(+1점)만 줄 수 있다(권영설, 2012).

☞ [YouTube 채널: 김영문_travel_and_sbiz]

본 내용과 관련하여 유튜브(YouTube)에 등록되어 있는 동영상 강좌는 다음과 같다.

① 이베이(ebay)를 활용한 전자상거래

② 이베이(eBay) 창업으로 돈벌기

③ 이베이 스토어(store)의 구입

73. 점포창업의 성공요소 3가지 및 고려사항

점포를 활용하여 창업을 할 때에 중요한 세 가지는 바로 점포, 판매원, 상품이라고 할 수 있는데, 창업의 육하원칙에서 생각해 보면 점포는 어디서(where)에 해당이 된다. 또한 판매원은 어떻게(how)에 해당하며, 상품은 무엇을(what)에 해당하는 개념이다.

(1) 점 포

① 고객을 내점하도록 하는 일이 점포 개발의 최우선적인 일이며, 간판, 점포 입구에서부터 점포가 어떤 상품과 서비스를 제공하는지 쉽게 알 수 있도록 하는 것이 필요하다.

② 점포는 들어가 보고 싶은 욕망을 북돋우는 것이 중요한데, 요즈음은 상호에서부터 무엇인가 독특하게 하거나 고객의 호기심을 자극시키는 것이 필요하다.

③ 상품의 이미지 콘셉트(concept)에 맞는 매장을 구성하고, 보기 쉽고 선택하기 쉽고 사기 쉬운 매장을 만들어야 한다.

④ 위에서 제시한 3가지 외에 간과해서는 안 될 것이 점포의 위치 즉 점포의 입지라고 할 수 있다. 아울러, 점포의 입지를 선정하기 위해서는 상권분석이 체계적으로 실시되어야 한다.

(2) 판매원

① 판매 이외의 고객의 목소리에도 귀를 기울여야 한다.

② 기분좋은 쇼핑을 할 수 있도록 배려하여야 하며, 고객이 다시 방문하도록 하는 것이 중요하다.

③ 단순히 상품을 판매하는 것이 아니라 가치(value)를 주도록 노력해야 하며, 환불, 교환, A/S 등 고객의 사소한 요청에도 기쁜 마음으로 응대해야 한다.

④ 판매원은 직원이 될 수도 있고 창업자 자신이 될 수도 있는데, 중요한 것은 판매원으로서 교육과 훈련을 통해서 얼마나 준비가 되었는가 하는 것을 확인해야 한다.

(3) 상품

① 점포가 바라는 콘셉트(concept)가 상품에 도입되어 고객에게 전달되고, 고객이 만족감을 형성할 때 상품으로서의 가치를 발휘할 수 있다.

② 점포가 위치한 지역의 상권을 고려한 상품 구색이 필요하다.

③ 프랜차이즈 형태로 운영되는 점포라고 하더라도 점포의 위치에 따라 많이 팔리는 상품이 다르다는 것인데, 지역 주민들의 소득수준, 성별 및 연령별 분포 등을 고려한 상품의 진열이 필요하다.

④ 좋은 상품을 개발하기 위해서는 국내 및 해외 도매시장에 대한 탐방은 물론 온라인 도매시장에 대한 검색 및 조사가 필수적이라고 할 수 있다.

☞ **[참고]** 점포창업의 네번째 요소는 서비스(service)인데, 경쟁점포와 비교해서 차별화된 서비스의 제공을 통한 고객의 만족 및 충성도를 향상시키는 데 많은 고민을 해야 한다는 것이다.

☞ [YouTube **채널: 김영문**_travel_and_sbiz]
본 내용과 관련하여 유튜브(YouTube)에 등록되어 있는 동영상 강좌는 다음과 같다.
① 점포창업의 3요소
② 좋은 점포를 구하는 방법

74. 점포창업을 위한 상권분석의 중요성

(1) 상권 및 상권분석의 개념

상권이란 창업을 함에 있어서 고객이 존재하는 지역적이고, 시간적이고, 공간적인 범위를 말하는데, 쉽게 말하면 실질적으로 구매력을 갖고 있는 고객이 분포되어 있는 지역과 유입되는 유효수요가 존재하는 시간적인 범위라고 할 수 있다. 또한 상권분석은 확정된 상권 내의 주민의 속성이 점포가 정한 목표시장의 조건과 합치되는가의 여부를 분석하고 평가하는 것을 말한다.

(2) 상권의 종류

상권은 점포를 중심으로 크게 다음과 같이 세 가지로 분류된다.

① 1차 상권: 점포고객의 50~80%를 포함하는 지역으로서, 점포에 가장 가까우며 고객 밀도가 가장 높다. 점포를 중심으로 500m 이내의 거리로서 걸어서는 5분 이내의 거리를 말한다. 대형 음식점의 경우에는 반경 1km를 1차 상권으로 볼 수 있다.

② 2차 상권: 점포고객의 15~25%를 포함하는 지역으로, 1차 상권의 외부에 위치하며 고객들은 다소 분산되어 있다. 점포를 중심으로 500~1,000m 이내의 거리로서 걸어서는 5~15분 사이의

거리를 말한다.

③ 3차 상권: 1차, 2차 상권을 제외한 나머지 지역을 말하는데, 점포 고객들은 매우 분산되어 있는 것이 특징이다.

(3) 상권조사의 주요 항목

상권조사의 주요 항목으로 다음과 같은 6개로 제시할 수 있다.

① 통계자료 조사: 인구수, 세대수, 가족구성원의 수, 주거형태(단독주택, 아파트 등)

② 상권형태 및 규모파악: 주간상권, 야간상권, 고정상권, 유동상권

③ 통행인구 조사: 성별, 연령별, 시간대별, 요일별 통행객의 수를 관찰하고, 통행객과 통행성격 및 통행객의 수준을 파악

④ 통행차량 조사: 통행차량의 수와 어느 시간대에 많이 지나가는지 파악

⑤ 경쟁점포 조사: 예상되는 경쟁점포와 이용객 수, 계층, 제품의 가격대, 매장구성 장단점을 파악

⑥ 상권의 향후 전망: 주변 상권의 확대 또는 축소 가능성을 파악하고 대형 접객시설의 개발정보를 수집, 그리고 주변 건물의 신축 또는 철거계획 등을 조사

☞ [YouTube 채널: 김영문_travel_and_sbiz]

본 내용과 관련하여 유튜브(YouTube)에 등록되어 있는 동영상 강좌는 다음과 같다.

① 상권의 개념과 종류, 상권분석

② 상권분석과 입지선정

75. 점포창업을 위한 입지선정의 중요성

(1) 입지선정의 중요성

일반적으로 입지(점포의 위치)라는 것은 점포가 위치한 곳이 창업을 하기에 얼마나 좋은 환경과 조건을 갖추고 있는가를 의미하는 위치적인 측면에서의 조건을 말하는 것인데, 사실 계획하고 있는 사업의 특성과 규모에 따라 입지조건은 달라질 수 있다. 옛말에 '장사는 목이 중요하다'는 말도 있듯이, 입지선정은 특히 점포창업의 경우에 매우 중요하다. 일반적으로 입지에 의한 매출과 영업력에 의한 매출의 비율은 7:3 정도인데 이것은 입지선정이 점포의 매출에 얼마나 중요한가를 잘 말해주고 있는 것이다.

(2) 입지선정을 위해 조사해야 할 항목 10가지

점포를 이용하여 창업을 하는 경우에 창업아이템과 입지는 궁합이 맞아야 하는데, 입지를 선정함에 있어서 조사해야 할 내용들은 다음과 같다.

① 잠재력이 있는 소비자가 충분히 존재하고 있는가?

② 창업하고자 하는 업종에 적합한 소비자가 얼마나 존재하는가?

③ 예상되는 고객의 소비성향과 시간대별 유입 정도는 충분한가?

④ 관공서, 금융기관 등의 편의시설들이 충분히 존재하는가?

⑤ 버스, 지하철 등 대중교통이 편리한가?

⑥ 향후 주변 입지의 확대가능성은 있는가?

⑦ 주변 입지의 권리금은 만족할 만한 수준인가?

⑧ 현재 경쟁점포의 정도와 향후 출현가능성은 어느 정도인가?

⑨ 창업하고자 하는 분야와 유사한 업종의 상권이 형성되어 있는가?

⑩ 소비자를 유인할 수 있는 시설들이 존재하는가?

위에서 언급한 10가지의 사항들은 단기간 내에 조사할 수 있는 것은 아니지만 결국 창업자 스스로가 발로 뛰면서 철저하게 현장조사를 해야 한다. 이러한 것들을 조사함에 있어서 적당히 할 수도 없는 것이며, 제3자에게 맡겨서도 안 된다는 것이다.

☞ **[참고]** 창업자가 좋은 입지의 점포를 찾았다고 하더라도 창업자의 자금여력으로는 권리금, 보증금, 월세를 감당할 수가 없어서 다른 곳을 찾을 수밖에 없게 되는 경우가 발생한다. 그러한 경우에는 홍보와 광고를 통해서 입지여건에서의 불리함을 충분히 극복할 수 있을 것인가를 분석해야 한다.

☞ **[참고]** 온라인 창업자의 입장에서 점포의 입지를 생각해 보면, 결국 어디에서 판매할 것인가 하는 것이다. 즉, 독립적인 인터넷쇼핑몰을 개설하여 판매할 것인가, 대형 인터넷쇼핑몰에 입점하여 판매할 것인가, 국내 오픈마켓(옥션, G마켓, 11번가 등) 혹은 해외 오픈마켓(이베이 등)에 입점하여 판매할 것인가 등의 관점에서도 생각할 수 있다.

☞ [YouTube 채널: 김영문_travel_and_sbiz]

본 내용과 관련하여 유튜브(YouTube)에 등록되어 있는 동영상 강좌는 다음과 같다.

① 입지선정시의 고려사항

② 좋은 점포입지를 선정하기 위한 전략

76. 매물로 나온 점포에 대한 분석

창업자가 점포를 구할 때에 가장 먼저 접하는 것이 바로 부동산 중개업소에서 소개하는 매물이다. 잘 구하면 많은 돈을 벌 수 있지만, 성급하게 판단하고 계약을 했다간 낭패를 보기 십상이다. 이에 따라, 매물로 나온 점포에 대한 분석을 위해서는 다음과 같은 10가지의 정보들을 살펴보고 철저하게 분석해야 한다.

① 업종: 매물로 나온 점포가 어떤 업종인지에 따라 창업하려는 아이템의 입점이 어려울 수도 있다. 예를 들어, 의류점이나 기타 판매시설에서 일반 혹은 휴게음식점을 하려면 정화조 용량이나 구청의 허가 여부에 따라 창업을 하지 못할 수도 있다는 것이다.

② 층수: 대부분의 창업아이템은 층수에 의해 영향을 받는다는 것을 고려해야 해야 하는데, 김밥전문점을 2층 혹은 3층에서 창업하는 것은 재고해야 할 것이다.

③ 계약면적과 실제면적: 실제면적이 계약면적의 50%도 되지 않는다면 점포로 사용하기에 적합하지 않은 경우라고 할 것이다. 즉, 관리비 등 고정비용의 지출이 많아서 오랜 기간 영업을 유지하기도 어렵고 점포를 매도할 때에도 합당한 권리금을 받기 어렵다는 것이다.

④ 점포 전면의 크기: 점포의 전면이 면적에 비례하여 지나치게 넓

은 경우는 좋지 않다. 평균적인 비율로 살펴보면, 점포의 전면을 가로, 점포의 길이를 세로로 볼 때에 가로 대비 세로 크기는 2.5배가 적당하다고 할 수 있다.

⑤ 주소: 주소를 이용하여 공시된 서류를 떼어 도시계획 사항과 등기 사항을 알 수 있고, 권리의 변동과 미공시 시설 여부를 알 수 있다. 점포의 주소를 이용하여 구청 및 등기소에서 확인할 수 있는 서류들은 토지대장, 토지이용계획 확인원, 일반건축물대장, 지적도(地籍圖), 건물부 등기부등본, 토지부 등기부등본 등이 있다.

⑥ 임대료: 임대료의 수준을 보면 점포 소유주의 성향을 알 수 있으며, 권리금이 없는 점포의 임대료에는 함정이 있을 수 있다는 것도 생각해야 한다.

⑦ 권리금: 권리금에는 시세가 없으며, 부르는 게 값이고 받는 게 값이라고 할 수 있다. 하지만, 권리금이 너무 적은 점포의 경우에는 그 원인을 조사해 보는 것이 좋다.

⑧ 부가세: 실제 점포를 임차하고 실제 납부한 금액에 대한 10%의 부가세를 부담하고 있다면 매우 합리적인 건물주를 만났다고 생각해도 될 것이다.

⑨ 영업시간: 상권 내에 있는 점포들의 평균 영업시간을 살펴봐야 하는데, 창업할 점포의 영업시간대와 비교해 볼 필요가 있다.

⑩ 매매사유: 매물로 나온 점포의 매매사유를 조사해 보는 것이 필요한데, 짧은 기간에 창업자가 자주 변경된 경우에는 입주를 재고해 볼 필요가 있다.

☞ [YouTube 채널: 김영문_travel_and_sbiz]

본 내용과 관련하여 유튜브(YouTube)에 등록되어 있는 [매물로 나온 점포의 분석]을 검색하여 들어보세요.

77. 점포내부 장치물 및 시설물의 설치요령

점포창업을 하게 되면, 점포 내부에 여러 종류의 장치물 및 시설물을 설치하게 되는데, 중요한 것들은 다음과 같다.

① 계산대: 고객들에게 너무 눈에 띄게 부담을 주지 않게 하고, 고객들이 점포 안에서 이동하는 동선에 불편을 주지 않도록 설치해야 한다. 가끔 외식업체에 가보면, 계산대를 주방 앞에 설치하는 경우가 있는데, 고객들이 계산을 하면서 주방의 내부 모습을 모두 볼 수 있다는 것이다. 아무리 주방이 잘 정리된 상태라고 할지라도 때로는 고객의 눈에 거슬리는 것들이 있을 수 있기 때문에 계산대를 주방 바로 앞에 설치하는 것은 피하는 것이 좋다.

② 의자와 테이블: 의자와 테이블의 경우에는 점포 내부의 색상 및 조명과 조화를 이루도록 하는 것이 필요하며, 점포에서 판매하는 상품과 가격대와 조화를 이루는 것도 중요하다.

③ 진열대: 진열대는 고객들이 진열된 상품을 보고 구매 욕구를 불러일으키도록 하는 것이 중요하다. 요즈음은 음식점 내부에서도 숍인숍(shop in shop)의 개념으로 진열대를 설치하고 관련 상품을 판매하는 경우를 많이 볼 수 있다.

④ 화장실: 요즈음 화장실은 향기가 가득하며, 음악이 흐르고, 또

예쁜 그림들로 장식이 되어 있다. 지저분한 장소가 아닌 매력적인 장소로 만들어야 한다는 것이다. 아울러, 화장실의 악취가 밖으로 새어나오지 않도록 하는 세심한 배려가 필요하다.

⑤ 유리와 거울: 점포 내부에는 유리와 거울을 활용하여 시원하면서도 밖의 경치를 볼 수 있도록 하는 것이 필요하다. 특히 5~10평 이내의 점포는 유리와 거울을 효과적으로 활용하는 지혜가 필요하다.

⑥ 테이블보와 블라인드: 테이블보는 밝으면서 단색을 이용하는 것이 좋으며, 블라인드의 경우에는 단색보다는 아름다운 무늬 혹은 그림이 있는 것이 좋다.

⑦ 공중 공간의 디스플레이: 요즈음은 점포의 공중에 상품 홍보물, 이벤트 행사, 마스코트 등을 설치하는 경우가 많다. 신설 메뉴를 소개할 수도 있고, 고객을 위한 특별 이벤트에 대한 정보를 제공할 수도 있다.

⑧ 계단 통로 인테리어: 점포가 단층이 아니고 2층 혹은 3층 등으로 구성되어 있는 경우에 고객이 계단을 오르내리면서 지루하지 않도록 해야 한다. 최근 문화예술 정보를 제공할 수도 있고, 연예인 사진 및 포스터를 부착시킬 수도 있을 것이다.

☞ [참고] 점포 내부의 장치물 및 시설물도 인테리어의 한 요소라는 것을 생각하면 좋다. 판매하는 상품과도 어울려야 하고, 고객의 입장에서도 부담이 없어야 한다. 예를 들어, 공중 공간의 디스플레이를 너무 요란하게 하거나 지나치게 광고성으로 설치하는 경우에 고객은 부담스러워한다는 것이다.

☞ [YouTube 채널: 김영문_travel_and_sbiz]

본 내용과 관련하여 유튜브(YouTube)에 등록되어 있는 [소자본 점포창업자의 성공전략]을 들어보면서 [점포내부 장치물 및 시설물의 설치요령]을 함께 고려하면 좋을 것 같습니다.

78. 점포창업자가 매일 점검해야 할 사항

〈표 7〉 점포창업자의 일일 체크리스트

분 야	평가내용	평가결과
종업원 점검	–출근시간 준수 여부 –복장상태 –잦은 이석 여부 –친절한 마음가짐 –고객응대자세 –문제해결능력 –고객에 대한 감사마음 –서비스 정신	수, 우, 미, 양, 가
매장 점검	–위생관리 –위험요소 –냉난방, 조명 작동 여부 –주요비품, 소모품 정위치 여부	수, 우, 미, 양, 가
상품 점검	–진열대 정리정돈 여부 –파손상품 존재 여부 –상품보충 여부 –최신상품 구매 여부	수, 우, 미, 양, 가
서비스 점검	–상냥한 인사 여부 –교환과 환불 손님에 대한 친절성 –장애인에 대한 서비스 만족 여부 –서비스 교육시행 여부	수, 우, 미, 양, 가
최종점검	–상품판매 실적 –전등, 냉난방기 소등 여부 –매장정리 정돈 여부 –계산착오 발생 여부	수, 우, 미, 양, 가

(자료원: 경기지방중소기업청)

점포 창업자가 아침에 출근한 후에 그리고 저녁에 퇴근하기 전에 매일 체크해야 하는 일이 있는데, 〈표 7〉에 제시된 것과 같이 종업원 점검, 매장점검, 상품점검, 서비스점검, 그리고 최종점검의 5가지로 구분할 수 있다.

하지만, 아직도 많은 점포창업자들의 경우에는 아르바이트 직원에게 대부분의 점포관리를 맡겨두는 경우가 있고, 창업자는 직원보다 늦게 출근하고 일찍 퇴근하는 경우도 있는데, 이것은 창업자로서의 바람직한 모습이 아니다.

☞ **[참고]** 위에서 제시한 5가지 분야 외에 한 가지를 더 추가하면 바로 점포창업자 자신에 대한 점검이라고 할 수 있다. 어쩌면 매일 반복되는 일상이라고도 생각할 수 있지만, 출근을 해서 하루의 업무들을 계획하고, 퇴근하면서 당일 계획된 업무들이 정상적으로 수행이 되었는지를 체크해야 한다는 것이다. 아주 간단한 방법 중의 하나는 바로 포스트잇(Post-it)을 활용하여 그날 해야 하는 일을 메모하는 것이다.

79. 점포창업의 개업 준비와 절차

점포창업에 대한 모든 준비가 끝나면 개업 준비를 해야 하는데, 첫 단추를 잘 꿰어야 하듯이 개업에 대한 준비와 절차도 잘 해야 한다. 물론 개업을 대행하는 전문 이벤트 회사들을 활용하면 편리하다는 장점이 있지만, 불특정 다수를 대상으로 요란한 행사로만 끝날 가능성이 높다는 단점도 있다. 점포창업의 개업 준비와 절차는 다음과 같이 4단계로 구분하여 설명할 수 있다.

(1) 1단계: 전단지 등을 통한 개업홍보

개업홍보를 하기 위해서는 명함과 전단지를 제작하여 직접 배포할 수도 있고, 직접메일(DM, Direct Mail)이라는 수단을 활용하여 우편발송을 할 수도 있다. 하지만, 요즈음은 인터넷이라는 가상공간에서의 홍보전략이 비용도 저렴할 뿐만 아니라 홍보효과가 더 오래 지속될 수가 있다는 것을 유념해야 한다. 인터넷을 이용한 홍보라면 당장 200~300만원의 돈을 들여서 홈페이지를 제작하는 것만을 생각할 수도 있으나, 블로그(blog)와 카페(cafe)를 만들어서 운영하는 것도 좋다.

(2) 2단계: 기념품 제작

점포를 방문하는 고객을 위해 개업 후 일정기간 동안 기념품을 배포하는 것은 좋은 홍보전략이 될 수 있다. 예를 들어, 기념품 혹은 판촉물을 만들어서 배포할 수 있는데, 이러한 기념품에 대한 내용들은 인터넷사이트에서 '판촉물'을 검색하면 된다. 기념품을 제작할 때에는 장기간 고객이 몸에 지니고 다니거나 많은 시간을 보내는 곳에 비치할 수 있는 것이라면 홍보효과는 더 클 것이다.

(3) 3단계: 롤 플레잉(role playing)

실제로 손님을 받기 전에 예행연습을 해 보는 것이 중요하다. 그래야 실제로 손님이 올 때에 더 좋은 서비스를 제공할 수 있고, 시행착오를 줄일 수 있다는 것이다. 고객에게 인사를 하는 방법, 안내를 하는 방법, 상품대금을 받고 잔돈을 건네는 방법, 고객이 나갈 때에 인사를 하는 방법 등에 대해 실제의 상황을 가정하여 반복 연습을 해야 한다.

(4) 4단계: 개업행사

점포창업시 개업행사에는 가능한 한 많은 사람들을 초청하는 것도 좋으나, 이것은 오히려 낭패를 초래할 수 있다. 서비스를 제공할 수 있는 범위를 초과하여 많은 사람들이 방문하는 경우에 서비스 질의 저하를 초래하여, 본격적으로 사업을 하기도 전에 나쁜 이미지를 심어줄 수 있기 때문이다.

☞ [참고] 개업 때에 점포를 방문한 고객들의 명함을 확보하거나 연락처를 정리해 두는 것도 좋은데, 이후에 점포방문에 대한 감사의 인사를 할 수 있기 때문이다. 이를 통해 점포를 기억하고 재방문을 유도할

수 있다. 고객의 데이터를 어떻게 관리할 것인가를 생각해야 한다.

☞ [YouTube 채널: 김영문_travel_and_sbiz]
본 내용과 관련하여 유튜브(YouTube)에 등록되어 있는 [개업 3개월 전에 결정해야 할 8가지]를 들어보면 [점포창업의 개업]에 도움이 될 것 같습니다.

80. 업종 전환을 할 경우에 고려해야 할 5가지

요즈음 경기변동이 워낙 심하고 유행의 변화가 빠르다보니 현재의 업종에서 다른 업종으로 전환을 하려는 창업자들이 많은 실정이다. 아울러 장사가 안 된다는 이유 혹은 경쟁점포가 너무 많아졌다는 이유로 인해 업종 전환을 서두르다 보면 오히려 악순환이 계속되는 결과를 맞이할 수도 있다. 그렇기 때문에 업종을 전환하려는 경우에는 다음의 5가지를 신중하게 생각해야 한다.

① 기존 시설을 어느 정도로 활용할 수 있는지를 확인한다. 특히 외식업의 경우에는 인테리어 비용이 가장 큰 부분을 차지하기 때문에 매우 중요한 사항이며, 업종 전환시에도 불필요한 투자를 최대한 줄이는 지혜가 요구된다.

② 자신의 경험과 노하우를 잘 살릴 수 있는 분야인가를 확인한다. 새로운 업종에 뛰어든다는 것은 새로운 모험이라고 할 수 있는데, 단순히 수익성만 쫓는 것은 매우 위험한 일이 되기 때문이다. 이것도 안 되고 저것도 안 되고 해서 또 바꾸고 나면 또 안 되는 경우가 허다하다는 것을 생각하면 좋을 것이다.

③ 적어도 3개월 이상 철저하게 준비하는 것이 중요하다. 전국에서 개최되는 창업박람회 및 교육에 참가하는 것은 물론 중국, 일본 등 해외창업시장에 대한 자료원 수집도 해야 한다. 즉, 창업시

장에 대한 트렌드를 사전에 분석해야 하는데, 향후 경제동향에 대한 조사분석 및 창업시장의 흐름을 정확하게 예측한 후에 업종 전환을 준비해야 한다.

④ 일정기간은 기존 업종과 새로운 업종을 투잡스의 형태로 할 수 있는가를 확인한다. 기존 업종을 무작정 끝낸 후에 새로운 업종에 뛰어드는 것은 상당한 기간 수익이 전혀 없을 수도 있기 때문에 일정기간은 두 가지의 일을 함께 할 수 있도록 하는 것이 바람직할 것이다. 이것은 퇴직자들의 경우에도 마찬가지인데, 적어도 퇴직을 하기 전 1~2년부터 투잡스로 창업에 대한 경험을 쌓는 것이 중요하다는 것이다.

⑤ 현재 하고 있는 업종에서의 문제점을 정확하게 진단한 후에 업종 전환을 고려한다. 업종 전환의 이유가 매출부진이라고 할 때에 그것이 창업자 자신의 문제로 인한 것인지 아니면 다른 문제가 있는지를 정확하게 진단하는 것이 필요하다. 창업자의 경영능력 등의 문제로 인한 것이라면 업종 전환을 하더라도 마찬가지일 것이기 때문이다. 그러한 경우에는 모든 것을 정리한 다음 적어도 3~6개월 정도를 준비한 후에 원점에서 다시 시작하는 것이 좋다는 것이다.

☞ [YouTube 채널: 김영문_travel_and_sbiz]
본 내용과 관련하여 유튜브(YouTube)에 등록되어 있는 [업종전환시의 유의사항]을 검색하여 들어보세요.

81. 유튜브 동영상(UCC)을 활용한 인터넷창업

(1) 동영상(UCC)을 활용한 홍보

동영상(UCC)을 제작하거나 등록하는 과정에서 홍보 효과를 높이기 위해서 고려해야 할 점들은 아래와 같다.

① 동영상(UCC) 내에 회사의 주소, 전화번호 및 상품을 구매할 수 있는 전자상거래 사이트의 주소 등을 하나의 사진(이미지)로 만들어서 추가시키는 것이 좋으며, 사진(이미지)의 재생 시간은 2~3초로 설정하여 메모할 시간이 충분하도록 설정하는 것이 필요하다.

② 앞에서 제시한 다양한 웹사이트에 등록한 동영상(UCC)의 설명부분(Comments)에 기업의 웹사이트 주소를 포함시키는 것은 웹사이트의 홍보 및 접속에 많은 도움이 될 수 있다. 한편, 상품판매를 목적으로 하는 동영상(UCC)을 제작하는 경우에는 상품을 구매할 수 있는 웹사이트의 구체적인 주소를 동영상(UCC)의 설명부분(Comments)에 입력하는 것이 상품판매에 많은 도움이 될 수 있을 것이다.

③ 최대한 많은 수의 동영상(UCC)을 제작하고 등록하는 것은 홍보의 효과는 높일 수 있으며, 이를 위해 10분 분량의 동영상 한 개

를 2~3분 분량의 4~5개의 동영상으로 제작하여 동영상(UCC)의 수를 늘리는 것도 생각할 수 있다.

④ 동영상을 등록한 웹사이트에서 동영상별 플레이(play) 수를 조사하여 어떤 동영상을 많이 보았는지를 분석하는 것은 향후 추가적인 동영상을 제작하는 데 도움이 될 수 있다.

⑤ 동영상을 카카오톡(Kakaotalk)을 활용하여 전송할 수도 있는데, 팟인코더(Pot Encoder)를 활용하여 20M 이하로 용량을 줄이면 얼마든지 전송이 가능하다.

⑥ 요약하면, 동영상(UCC)을 활용한 홍보는 상품판매로 연결될 수 있도록 제작하고 관리하는 것이 필요하며, 너무 긴 동영상의 경우에는 끝까지 구독하지 않을 수도 있다는 것을 고려하는 것이 필요하다.

(2) 동영상(UCC)을 활용한 상품판매

특정 상품을 홍보하면서 판매하는 목적으로 제작된 동영상(UCC)은 두 가지의 방법으로 인터넷창업을 할 수 있다. 첫째, 동영상(UCC) 내에 상품을 구매할 수 있는 SNS 혹은 전자상거래 사이트의 이름 및 주소를 포함시킬 수 있는데, 제목, 자막 혹은 제작진 부분을 활용하여 주소를 입력할 수 있다.

둘째, 홍보를 하고 싶은 상품들을 동영상(UCC)으로 제작하여 유튜브(www.youtube.com)에 등록한 후에 상품을 판매하는 전자상거래 혹은 다른 SNS의 상품구매 페이지의 주소를 해당 동영상(UCC)의 댓글(Comments)로 등록하면 된다. 즉, 유튜브에서 특정 상품을 홍보하는 동영상을 본 고객이 댓글(Comments)에 있는 전자상거래 사이트 혹은 다른 SNS의 상품구매 페이지로 바로 접속하여 상품을 구매할 수 있도록 할 수 있다.

(3) 라이브 방송을 활용한 상품판매

동영상(UCC)을 활용한 인터넷창업에서 한 가지 더 생각해 볼 것은 라이브 방송(live broadcast)을 활용한 상품판매라고 할 수 있는데, TV 홈쇼핑의 개념을 웹(web)에서 활용하는 방식이라고 생각하면 된다. 사실, 국내에서는 코로나19의 영향으로 인해 대부분의 초·중·고등학교 및 대학교에서도 동영상을 활용한 비대면 수업이 활발하게 진행되면서, 다양한 라이브 방송 혹은 실시간 학습이 가능한 시스템이 아래와 같이 개발 및 출시되고 있는 실정이다.

① [2020 신학기 밴드 캠페인]을 진행한 네이버 밴드의 경우에는 '라이브 방송'으로 실시간 강의도 가능하도록 지원하고 있는데(한국경제, 2020.4.16.), 이것을 활용하면 라이브 방송을 활용한 상품판매가 가능하다.

② 카카오톡은 40명이 동시에 실시간 강의를 시청할 수 있는 '라이브톡' 서비스를 지원하고 있는데(뉴스토마토, 2020.4.9.), '라이브톡'은 소규모 고객들을 대상으로 상품을 홍보하고 판매할 수 있도록 활용될 수 있다.

③ 유튜브를 활용하면 다수의 영상과 실시간 방송을 활용하여 라이브 커머스(live commerce)가 가능한데(에너지경제, 2021.1.13.),

이것은 같은 시간에 하나의 방송밖에 할 수 없는 홈쇼핑 채널의 단점을 획기적으로 극복할 수 있다.

☞ [YouTube 채널: 김영문_travel_and_sbiz]

유튜브(YouTube)에 등록되어 있는 [유튜브(YouTube)를 활용한 인터넷 창업]과 관련된 동영상 강좌는 다음과 같다.

① 무비메이커(Movie Maker)를 활용한 동영상(UCC) 만들기

② 홍보동영상(UCC)을 조금 더 잘 만들기

③ HTML, 동영상 UCC 및 YouTube의 종합 활용

④ 동영상 UCC를 활용한 인터넷창업

82. [추천 창업아이템] 일자리 정보제공 사이트

(1) 창업아이템의 개요

취업에 대한 경쟁이 어느 때보다 치열한 최근의 상황을 보더라도 구인 및 구직 사이트를 이용하는 사람들은 날로 증가할 것으로 예상된다. 특히 대학을 졸업한 20대의 취업보다는 직장에서 퇴직한 중장년층 혹은 시니어계층의 재취업을 지원할 수 있는 사업은 장기적으로 볼 때에 유망한 창업아이템이라고 할 수 있다.

중장년층의 경우에는 직장에서의 풍부한 경험과 노하우를 바탕으로 창업에 도전하는 경우도 많지만, 비록 월급이 많지 않더라도 안정적인 일자리에 관심을 갖는 경우가 더 많은 실정이다. 이에 따라 기존의 취업 사이트와는 조금 차별되는 일자리 정보제공 사이트의 창업에 관심을 갖고 준비하는 것이 필요할 것으로 판단된다.

(2) 창업 준비사항

① 현재 운영 중인 다양한 취업 사이트들을 조사하고 분석해야 한다. 취업 사이트별로 주요 타겟 시장(target market)이 누구인지도 조사하고, 어떤 정보들을 어떻게 제공하고 있는가도 분석해야 한다. 즉, 경쟁관계가 될 수 있는 기존 취업 사이트들에 대한

심층적 분석을 통해서 기존 취업 사이트들의 장점과 단점을 파악하는 것이 선행되어야 할 것이다.

② 창업을 하고 싶은 일자리 정보제공 사이트는 어떤 방식으로 개발하고 어떻게 운영할 것인가를 결정해야 한다. 예를 들어, 단순히 홈페이지 방식으로 운영할 것인가 혹은 옥션, G마켓 등과 같은 경매 사이트들과 같이 누구나 일자리 정보들을 등록할 수 있도록 할 것인가를 고려해야 한다. 또한 스마트폰에서 사용할 수 있도록 앱(app)으로 개발할 것인지 혹은 기존 웹사이트처럼 개발할 것인지도 생각해야 할 것이다.

③ 일자리 정보 외에 부가적으로 어떤 정보들을 제공할 것인가를 결정해야 한다. 투잡스(two jobs) 혹은 창업정보, 자금 및 재테크 정보, 교류모임 정보, 생활 및 건강정보 등 창업자들이 관심을 가질 수 있는 다양한 정보들을 제공하는 것이 접속자의 수를 증가시키는 데 도움이 될 수 있다.

④ 일자리 정보들을 어디에서 어떻게 수집할 것인가를 준비해야 한다. 중장년층에 대한 일자리 정보들은 분명 20~30대의 취업 정보들과는 차별되어야 할 것이며, 자료 또한 다양하지 못할 것이다.

⑤ 소정의 회비를 납부한 회원들에게 일자리 정보를 어떻게 전송할 것인지를 준비해야 한다. 메일(mail) 및 문자 발송, 카카오톡(KakaoTalk), 네이버 밴드(band) 등을 활용하여 일자리 정보를 전송할 수도 있고, 다음(Daum) 및 네이버(Naver)의 카페(cafe)를 활용할 수도 있을 것이다. 즉, 홈페이지에서 누구나 무료로 이

용할 수 있는 일자리 정보와 소정의 회비를 납부한 회원들이 이용할 수 있는 일자리 정보를 구분시키는 것에 대해서도 결정을 해야 할 것이다.

(3) 핵심 성공요소

① 특정 산업의 구인구직사이트 창업과 같이 특화시키고 전문화시키는 창업도 생각할 수 있다. 1~2명의 인력으로 창업을 하는 경우에는 대형 구인구직사이트와의 경쟁은 불리하기 때문에 한두 가지의 분야로 특화시키는 것이 중요할 것이다.

② 포털보다 전문직에 대한 구인구직 사이트가 많이 검색될 정도로 온라인 구인구직 서비스 시장이 세분화 및 전문화되어가고 있는 추세인데, 직종별, 업종별, 급여수준별, 지역별 등으로 전문화 및 세분화된 구인구직사이트의 개설을 고려하는 것도 필요하다.

③ 구인구직사이트는 유료 혹은 무료로 운영될 수 있는데, 어떤 기능을 유료화하고 어떤 기능을 무료로 운영할 것인가에 대해서는 기존 사이트들을 벤치마킹하는 것이 필요하다.

④ 구직자들을 위한 자격증 과정 및 실무 교육과정을 직접 운영하거나 관련 회사들과 제휴하여 운영하는 것도 고려할 수 있다.

83. 외식업의 성공요소 및 경영법칙

(1) 외식업의 성공요소

일반적으로 외식창업에서 성공하기 위한 요소로 다음의 세 가지 요소를 꼽고 있는데, 영어의 첫 글자를 따서 QSC라고도 한다.

① 맛(quality)
② 서비스(service)
③ 청결(cleanness)

하지만, 청결(cleanness) 대신에 분위기와 콘셉트(concept)를 제시할 수도 있다. 즉, 식당의 외관이나 홀 내부가 음식을 먹기에 좋은 분위기를 유지하고 있는가 하는 분위기와 콘셉트(concept)가 중요하다는 것이다. 사실 요즈음은 청결보다는 분위기와 콘셉트가 더 강조되고 있는 실정이다.

(2) 외식업 경영의 법칙

창업의 목적은 수익극대화이며, 이 때문에 매장을 운영할 때 가장 중요한 점이 인력수급과 고정비 지출이라고 할 수 있다. 특히 외식업의 경영원칙에는 이른바 '3-5-2-12-8의 법칙'이 존재하는데, 30일 영업기준으로 매출액은 3(월세), 5(인건비), 2(경비), 12(원·부재료 구입비), 8(순수익)로 배분되는 것이 좋다는 것이다. 즉 3일 매출의 합계로 월세를 충당해야 하며, 5일 매출로 직원과 아르바이트의 급여를 충당해야 한다는 이야기이다.

또 2일 매출액이 수도·가스·전기 등 경비내역이며, 12일 매출의 합이 영업을 위한 원·부재료 구입금액을 넘어야 하며, 이를 충실히 이행했을 경우에는 8일 매출의 합이 이익금으로 남게 된다는 것이다. 입지나 상권 아이템에 따라 위의 공식이 맞지 않을 수도 있으나, 위의 공식과 같이 매장 운영 시 전체매출 대비 고정비, 변동비에 대한 지출 항목과 규모를 정한 후 이를 맞추기 위한 운영전략은 반드시 필요하다고 할 수 있다.

(3) 외식업의 경영원칙

한국 창업시장에서 외식업이 차지하는 비중이 60~70% 정도는 될 정도로, 창업하면 외식업을 제일 먼저 떠올리는 창업자들이 많은 실정이다. 하지만, 외식업 창업자들이 생각해야 할 경영원칙은 다음의 세 가지로 요약할 수 있다.

① 맛은 기본이라는 것이다. 기본이 되지 않으면 그 다음은 없다는 것을 생각해야 한다.

② 홍보와 광고를 하지 않아도 손님이 스스로 찾아 올 수 있는 요소를 만들어야 한다는 것이다. 무엇 때문에 손님이 내가 운영하는 음식점으로 올 것인가를 고민하고 연구해야 한다.

③ 경기상황에 따라 음식점의 경영에 어려움이 올 수 있다. 하지만, 그러한 상황을 미리 대비해서 대책을 마련해 둔다면 걱정할 필요가 없다는 것이다.

☞ [YouTube 채널: 김영문_travel_and_sbiz]

본 내용과 관련하여 유튜브(YouTube)에 등록되어 있는 동영상 강좌는 다음과 같다.

① 외식산업(창업)의 특징

② 외식업의 경영원칙

84. 외식업 메뉴의 종류 및 시사점

외식업 창업을 할 때에 가장 고민하게 되는 것은 메뉴의 개발이라고 할 수 있는데, 최근의 경향을 보면 시간대별로 계절별로 메뉴를 다양하게 개발하고 있다. 손님이 갈 때마다 똑 같은 메뉴판을 보게 된다면, 고객이 어떤 생각을 할까를 생각하면 될 것이다. 이러한 측면에서 외식업을 창업할 때에 고려해야 하는 메뉴의 종류를 살펴보면 다음과 같이 6가지로 생각할 수 있다.

① 간판메뉴: 경쟁 외식업소와 차별화를 하여 고객에게 강하게 어필하는 수단으로 자기 점포만이 갖고 있는 대표 메뉴라고 할 수 있으며, 점포의 얼굴이라고 할 수 있다.

② 판촉전략 메뉴: 비용(cost)이 낮으며 조리를 간편하게 할 수 있고 주방의 능력과 객석 수를 고려해서 판촉전략(할인쿠폰, 전단지, DM 등)을 전개할 수 있는 메뉴인데, 일반적으로 저렴한 가격으로 인해 고객들을 자주 그리고 많이 방문하도록 하는 데 활용할 수 있다. 김밥전문점의 1,000원 김밥은 판촉전략 메뉴로 활용되고 있다고 할 수 있다.

③ 런치타임 메뉴: 회전율을 높이고 고객의 부담을 덜어 주기 위해 중식시간에만 판매하는 한정메뉴이며, 가격대는 직장인들에게 부담스럽지 않아야 한다. 또한 조리시간이 짧아야 하는 것도 명

심해야 한다. 맥주전문점에서의 스파게티는 런치메뉴의 대표적인 예이다.

④ 티타임 메뉴: 가볍게 할 수 있는 간식음료로 여성고객이 많은 헬스클럽이나 스포츠시설 주변에 한정되어 판매되는 메뉴이다. 요즈음은 웰빙과 건강을 고려한 간식음료가 인기가 있다.

⑤ 계절메뉴: 계절의 미각을 자극시키기 위해 개발된 1~2가지 메뉴인데, 특히 여름과 겨울철에 인기가 있는 계절메뉴를 잘 개발하는 것이 중요하다,

⑥ 저녁메뉴: 일과 후 가족이나 회사동료 또는 회식 등으로 이용할 수 있는 메뉴로 단품보다는 10~15% 정도 할인된 코스메뉴가 좋으며, 이때 전략적인 차원에서 음료나 디저트를 최대한 배려하여 후미를 장식해야 한다.

한편, 위에서 제시한 6가지의 메뉴들은 매출 향상, 고객 서비스, 판촉 전략 등의 측면에서 다양하게 활용될 수 있다.

① 많은 사람들이 외식을 하게 되는 특별한 날을 고려한 메뉴의 개발 및 판매가 필요하다. 예를 들어, 입학 및 졸업시즌, 복날(초복, 중복, 말복), 어린이날, 어버이날, 크리스마스 등에는 외식을 하는 사람들이 크게 증가하기 때문에 메뉴 개발을 미리 계획해야 한다.

② 경쟁을 하고 있는 외식업소와 차별될 수 있는 메뉴의 개발을 고려해야 한다.

③ 향후 프랜차이즈 본사 창업을 고려한 메뉴 개발을 준비하는 것

이 필요하다. 독립형 창업으로 성공한 후에는 프랜차이즈 본사 창업 및 전국적인 가맹점 모집을 생각할 수 있는데, 이것은 외식 창업을 준비하는 단계에서 계획하고 준비하는 것이 필요하다.

☞ **[참고]** 외식업소의 메뉴판은 여러 종류가 되어도 좋을 것이다. 한 가지의 메뉴판만 사용하는 것보다는 점심 혹은 저녁 때에 사용하는 메뉴판이 다른 것도 전략이 될 수 있다. 아울러, 봄, 여름, 가을, 겨울의 4계절을 고려하여 메뉴의 구성을 준비하는 것도 필요하다. 예를 들어, 요즈음은 레스토랑에서 와인의 판매량이 늘어나면서 별도의 와인 메뉴판을 비치해 두고 있는 실정이다.

☞ [YouTube 채널: 김영문_travel_and_sbiz]
본 내용과 관련하여 유튜브(YouTube)에 등록되어 있는 [외식산업의 단점(문제점)]을 검색하여 들어보면서 외식업 메뉴를 어떻게 구성할 것인가를 생각해 보면 좋겠습니다.

85. 외식업 창업자가 알아야 하는 인 · 허가관리

음식점 등과 같은 외식사업을 하기 위해서는 수많은 인가 혹은 허가 사항들이 있는데, 많은 예비창업자들의 경우에 소홀히 생각하는 경향이 많다. 외식업을 하기 위해 반드시 점검해야 하는 각종 인·허가에 대한 사항은 다음과 같다.

(1) 식품접객영업자 준수사항과 시설기준

일반음식점, 휴게음식점 등을 경영하는 경영주는 식품위생법 및 관련 법규에서 규정하고 있는 식품접객영업자 준수사항을 지켜나가야 하는데, 자세한 내용은 로앤비(www.lawnb.com)에서 검색해 볼 수 있다.

(2) 식품접객업(일반음식점 영업의 경우)의 영업허가(신고제)

식품접객업에 대한 영업허가를 받기 위해서는 법령에 규정하고 있는 업종별 시설기준에 적합한 시설을 갖추어야 한다. 또한 식품위생 수준의 향상을 위하여 모든 식품접객 영업자 또는 종업원은 보건복지부 장관이 지정 · 고시한 위생교육전문기관에서 실시하는 교육을 영업 개시 전 또는 후에 받아야 하는데, 이 위생교육은 한국외식업중앙회(www.ekra.or.kr)에서 위탁실시하고 있다.

(3) 건강진단증(보건증)

식품위생법에서는 식품을 채취하거나 제조, 가공과 조리, 저장, 운반 또는 판매하는 데 직접 종사하는 자(영업자 및 종사자)를 건강진단 대상자로 하여 업종마다 차이는 있지만 휴게나 일반음식점인 경우는 1년에 1회씩 정기적인 건강진단을 받도록 하고 있다.

(4) 식품접객영업 관련 행위 제한 법규

식품위생법, 풍속영업법, 미성년자보호법, 공중위생법, 근로기준법, 청소년보호법, 주류판매업(주세법) 등에 의해 행위 제한을 받고 있다. 그렇기 때문에 이러한 법령을 숙지해 두는 것이 필요할 것이다.

(5) 소방검열 및 가스설치

지하에 식당을 설치하거나 일정규모 이상의 식당에는 일정수의 소화기를 설치하여 화재 등의 사고에 대비하게 하고 있다. 이것은 소방기본법 시행령(2005.10.20. 개정)에서 살펴볼 수 있다.

(6) 신용카드 관련 규정

일반적으로 공급대가가 연간 2,400만원 이상인 경우에는 의무적으로 신용카드 조회기를 가입·설치해야 한다. 그렇지 않은 경우에는 세무조사까지 받을 수 있다.

(7) 간판허가

간판의 경우에는 허가 혹은 신고로 구분되어 있는데, 간판허가증을 교부받지 않고 임의로 부착하는 경우에는 행정처분, 과태료, 간판 탈착 후 재부착 등의 피해를 입을 수 있다. 하지만, 최근 정부에서는 현재 허가를 받아야만 설치할 수 있는 소형 돌출 간판을 신고 대상으로 바꾸도록 하였다.

(8) 가설건축물 사용신청

아직도 많은 외식업소에서는 객석 위주로 인테리어를 진행하다보니 주방이 협소하여 주방을 넓히려고 벽면에 가설건축물을 설치하는 경우가 많은데, 건물 임차시 이 가설건축물로 인해 영업신고가 반려되거나 허가증이 발급되지 않는 경우가 있으므로 주의를 요해야 한다. 그렇기 때문에 사전에 시장 · 군수 · 구청장에게 가설건축물축조신고서를 제출해야 한다.

현재 창업과 관련된 다양한 규정들은 허가제에서 신고제로 바뀌고 있는 것들이 많으며, 아울러 많은 것들이 매년 변경되고 있는 실정이다. 따라서 위에서 설명한 사항들도 창업을 준비하면서 세무서, 구청 민원실 혹은 창업전문가들에게 확인을 하는 것이 필요하다.

86. 외식창업자가 자신에게 묻는 질문 10가지

예비창업자들이 가장 선호하는 창업분야가 바로 외식창업이라고 할 수 있다. 하지만, 가장 많이 실패하는 창업분야 역시 외식창업이라고 할 수 있는데, 외식창업자가 실패하지 않기 위해서 스스로에게 던져봐야 할 10가지 질문을 통해서 외식창업의 성공률을 높일 수 있다는 것이다.

① 질문 1: 외식업의 트렌드는 어떻게 확인하고 계세요?

한국의 외식창업아이템은 수명주기가 워낙 짧아서 현재 외식창업자들도 시장의 트렌드를 항상 관심 있게 지켜봐야 한다는 것이며, 시장의 변화에 신속하게 대응하는 것이 필요하다는 것이다.

② 질문 2: 경쟁분석 및 벤치마킹은 하고 계세요?

창조하기보다는 모방하고 베끼기가 난무하고 있는 외식창업시장에서 경쟁업소의 성공비결을 분석함과 동시에 잘 되고 있는 외식업소를 벤치마킹하는 것은 필수적이다. 경쟁분석 및 벤치마킹의 결과에 창업자의 차별화를 더한다면 그것이 바로 경쟁력이 될 수 있다는 것이다.

③ 질문 3: 요즈음 고객들의 마음은 제대로 알고 계세요?

나이, 성별, 지역에 따라 고객들의 취향이 천차만별이라는 것인데, 특히 요즈음 20~30대 젊은이들의 선호도를 제대로 파악하는 것이 매우 중요하다.

④ 질문 4: 고객의 입장에서 본 소점포 외식업소의 문제점은 무엇인지 아세요?

고객들이 대형 외식업소로 몰리는 현상을 단순히 대형화의 이점으로만 보지 말고, 소점포 외식업소를 외면하는 문제점을 파악하여 보완하는 것이 더 중요하다.

⑤ 질문 5: 정확한 타겟의 설정 및 메뉴개발은 생각하고 계세요?

음식도 목표고객을 선정한 후에 만들어야 하며, 목표고객에 맞는 메뉴의 개발이 중요하다는 것이다. 연령, 성별, 지역에 따라 고객의 선호도 혹은 입맛이 다르다는 것이다.

⑥ 질문 6: 홍보 및 마케팅은 생각하고 계세요?

고객에게 어떻게 알릴 것인가에 대해서는 끊임없이 고민하고 다양한 마케팅을 진행해야 한다. 고객이 문을 열고 들어오기를 기다리기보다는 밖에 있는 고객을 점포 안으로 끌어당기는 노력이 필요하다는 것이다.

⑦ 질문 7: 업주에 대한 서비스 교육 및 복장은 어떻게 생각하고 계세요?

누가 손님인지, 누가 주인인지 혹은 누가 종업원인지 구분도 잘 되지 않는 외식업소도 많다는 것이다. 손님이 오는지 혹은 가는지도 모르고 있는 외식업소를 나올 때의 고객의 마음을 생각해야 한다는 것이다.

⑧ 질문 8: 고객에 대한 만족도 및 불만족도 조사는 생각하세요?

창업자가 운영하고 있는 외식업소의 메뉴, 반찬, 분위기, 종업원의 서비스 등에 대해 고객이 얼마나 만족하고 불만족하는지에 대해 체계적으로 조사하고 분석해야 한다.

⑨ 질문 9: 경쟁업소와의 차별화는 어떻게 생각하고 계세요?

비슷비슷해서는 경쟁력이 없다는 것인데, 작은 것에서의 차별화도 고객에게는 감동을 줄 수 있고 재방문하게 하는 요인이 된다는 것이다.

⑩ 질문 10: 발상의 전환은 생각해 보셨어요?

오래 전부터 해 오던 방식에서 탈피하여 무엇인가 새로운 방식의 도입이 필요한데, 중요한 것은 고객의 입장에서 변화를 시켜야 고객이 조금 더 만족하고 감동하게 된다는 것이다. 예를 들어, 대표적인 배달 업종이라고 하는 피자집의 경우에도 가격을 낮추어 손님이 테이크아웃을 하도록 하고 있다는 것을 생각하면 좋을 것이다.

☞ [YouTube 채널: 김영문_travel_and_sbiz]

본 내용과 관련하여 유튜브(YouTube)에 등록되어 있는 동영상 강좌는 다음과 같다.

① 외식창업의 성공요소 10가지

② 외식업소의 불황탈출 및 매출증대

87. 프랜차이즈 창업자가 부담하는 비용

프랜차이즈 본사와 가맹점 간의 계약과 거래에는 비용이 발생하게 되는데, 브랜드 사용권과 노하우를 제공하는 대가로 인해 프랜차이즈 본사와 가맹점 간에는 다음과 같은 5가지의 비용이 발생하게 된다.

(1) 가맹비

가맹비는 본사에 납부하면 돌려받지 못하는 돈이며, 업종에 따라서 조금씩 다르지만 500만원에서 1,000만원 수준이 가장 많다. 프랜차이즈에 있어서 가맹비는 본사 프랜차이즈 시스템 확장과 운영을 위해서 필요한 재정을 확보하는 데 필수적인 비용이 된다.

(2) 보증금

가맹점주가 본사에 납부하는 비용 중에 유일하게 돌려받을 수 있는 것이 보증금이다. 보증금을 외식업의 예를 들어 설명하면, 외식업의 경우 식재료를 공급하는 데 따른 외상공급이 발생하므로 이에 대한 보증금을 본사가 미리 받아 두는 것이다. 그러므로 그 보증금 규모는 대략 200~300만원 내외에서 결정되는 것이 보통이다. 판매업의 경우는 매장에서 판매되는 상품의 외상 공급에 대비한 보증금의 성격이므로 그 보증금의 규모는 배송되는 상품량과 가격에 따라 차이가 있다.

(3) 인테리어비

인테리어비는 프랜차이즈에 가맹할 때 어느 아이템이든 50% 전후를 차지하게 되는 가장 높은 비중의 비용이며, 인테리어비의 책정은 일반인이 구체적으로 분석해낼 만큼 쉬운 일이 아니기 때문에 오해와 불신이 생기는 부분이기도 하다.

(4) 초도 상품비

초도 상품 또는 초도 물품비라고 하는데, 말 그대로 처음 팔리는 상품의 비용이다. 의류 매장을 오픈하고 고객을 맞이하기 위해 쇼윈도와 진열대에 놓이게 되는 오픈 초기의 상품들을 말한다. 외식업의 경우는 주방설비를 위해 필요한 냉장고, 싱크대 등이 여기에 포함될 수도 있고, 인테리어 비용에 포함시키기도 하고 주방설비 비용이라고 따로 명시하고 본사에서 받는 경우도 있다. 서비스업의 경우 청소 용역 프랜차이즈라면, 청소 도구, 장비, 유니폼 그리고 청소약품 등이 이에 해당한다.

(5) 로열티

프랜차이즈 회사가 지속적으로 제공하는 각종 서비스와 혜택에 대해서 지불하는 비용이고, 브랜드 파워를 가진 프랜차이즈의 경우는 브랜드의 사용에 따른 비용이라고 할 수 있다. 월매출의 일정 비율을 적용하는데 1%에서 많게는 10%를 넘기는 경우도 있다.

(6) 경험과 노하우를 잃는 기회비용

프랜차이즈 가맹점 창업자는 프랜차이즈 본사에서 만든 프랜차이즈 시스템을 위에서 설명한 5가지의 비용(가맹비, 보증금, 인테리어비, 초도상품비, 로열티)을 지불한 후에 본사의 경영지침에 준수하면서 가맹점을 운영하기 때문에 독립형 창업을 할 때에 습득할 수 있는 경험과 노하우를 축적하기에는 한계가 있다고 할 수 있다. 이로 인해 기회비용(opportunity cost)이 발생하게 되는데, 이것은 향후 프랜차이즈 본사의 폐업이 발생했을 때에 독립형 창업을 성공적으로 진행하는 데에 많은 어려움이 발생할 수 있다.

☞ [YouTube 채널: 김영문_travel_and_sbiz]
본 내용과 관련하여 유튜브(YouTube)에 등록되어 있는 [프랜차이즈창업의 비용]를 검색하여 들어보세요.

88. 프랜차이즈 본사가 갖추어야 할 기능 10가지

한국의 창업시장은 프랜차이즈의 시대라고 할 만큼 프랜차이즈 본사 설립에 관심이 많은 실정이다. 즉, 프랜차이즈 본사를 설립한 후에 가맹점을 모집하면 많은 돈을 벌 수 있다는 것인데, 준비 없이 뛰어든 프랜차이즈 본사는 수많은 가맹점들을 도산시킬 수도 있다는 것을 생각해야 한다. 이러한 측면에서 프랜차이즈 본사가 갖추어야 할 기능을 제시하면 다음과 같이 10가지로 요약할 수 있다.

① 상품개발: 고객에게 판매할 상품을 개발해야 하는데, 외식업의 경우에는 메뉴개발이라고 할 수 있다.

② 원자재개발: 상품을 개발하는 데 필요한 원자재를 개발해야 하는데, 외식업의 경우에는 특정 메뉴의 개발에 필요한 원재료 개발에 해당된다.

③ 사업장기획: 시범사업장(model shop)을 경영하면서 사업내용을 표준화시켜야 한다.

④ 서비스개발: 경쟁업체와 차별되는 서비스를 개발하는 것이 필요하다.

⑤ 교육훈련: 교육훈련을 통하여 가맹점주에게 지식과 기술을 전달해야 한다.

⑥ 경영지도: 가맹점주에게 경영이념과 상품교육, 영업방법 등을 주기적으로 지도한다.

⑦ 판매촉진: 다양한 광고 및 홍보활동을 통해 가맹점들의 판매를 촉진시켜야 한다.

⑧ 이익계획: 가맹점주가 요구하는 사업의 이익을 추정손익계산서를 통해 충분히 전달해야 하는데, 투자대비 수익성이 적정하도록 계획을 수립하는 것이 중요하다.

⑨ 금융지원: 예비점주의 투자규모가 부족할 때 본사가 일정 금액 혹은 물품지원을 통해 지원하거나 정부자금 지원을 알선하는 것도 필요하다.

⑩ 경영관리: 장부기재에서 고객응대에 이르기까지 종합적인 경영기법을 표준화시켜서 관리해야 하는데, 본사차원에서의 경영정보시스템 구축 및 운영이 필요하다.

위에서 언급한 프랜차이즈 본사의 기능 외에 중요한 것이 있다면 바로 새로운 메뉴의 개발 혹은 업종전환을 위한 지원시스템의 구축이라고 할 수 있다. 프랜차이즈 본사 창업을 시작할 때와는 달리 시간이 흐름에 따라 창업환경의 변화, 정부정책의 변화, 소비자 기호의 변화 등으로 기존에 개발된 시스템으로서는 더 이상 성장이 되지 않고 정체되는 경우가 매우 많다고 할 것이다. 이러한 경우에 새로운 메뉴(혹은 상품과 기술)의 개발뿐만 아니라 필요한 경우에 가맹점의 업종전환까지도 지원해 줄 수 있는 본사 시스템이 준비되어 있어야 할 것이다.

또한, 가맹점을 계약했다는 이유만으로 가맹점의 영업부실을 가맹점주의 능력부족으로만 돌리지 말고, 경영진단 등을 통해 새로운 업종으로 재창업을 할 수 있도록 지원해 주는 것이 필요하다는 것이다. 현재 국내 많은 프랜차이즈 본사들이 끊임없이 소송에 시달리는 경우도 바로 계약 후 '나 몰라라'하는 본사의 태도 때문이라고 할 것이다.

☞ [YouTube 채널: 김영문_travel_and_sbiz]
본 내용과 관련하여 유튜브(YouTube)에 등록되어 있는 동영상 강좌는 다음과 같다.
① 프랜차이즈 본사의 10가지 기능
② 프랜차이즈 본사의 창업윤리 10계명

89. 프랜차이즈 가맹점 계약을 할 때에 확인할 사항

프랜차이즈 본사와 가맹점 계약을 한다는 것은 많은 자금을 투자한다는 것이며, 본사의 경영상황에 의해 뜻하지 않게 파산할 수 있다는 것을 의미한다. 그렇기 때문에 프랜차이즈 본사와 가맹점 계약을 할 때에는 몇 가지 사항을 반드시 확인해야 하는데, 크게 본사에 대한 사항과 계약에 대한 사항으로 구분할 수 있다.

(1) 본사에 대한 사항

① 회사의 명성 및 건전성은 어떠한가?

② 경영진의 사업 마인드와 가맹점의 경영상태는 어떠한가?

③ 프랜차이즈의 역사 및 가맹점의 수와 평균 실적(매출액 및 순수익)은 어떤가?

④ 경쟁업체들이 흉내낼 수 없는 독창적인 시스템과 마케팅 전략을 갖춘 회사인가?

⑤ 다른 본사 혹은 가맹점과의 소송 및 분쟁의 사례는 없는가?

⑥ 본사에서 제공되는 노하우에 대해 가맹비나 로열티는 균형이 잡혀 있는가?

⑦ 본사의 견해와 자신의 의견에 있어서 크게 마찰을 불러일으킬 만한 것이 있는가?

⑧ 본사가 개발하여 제공하는 상품의 평판은 어떠한가?
⑨ 점포 및 프랜차이즈 전체의 이미지는 어떤가?

(2) 프랜차이즈 계약에 대한 사항

① 독점권 및 영업권에 대한 보호는 지켜지고 있는가?
② 계약기간 및 계약규정은 어떠한가?
③ 초기 자금소요, 경비 및 지원내역은 명확하게 제시되어 있는가?
④ 교육 및 홍보프로그램은 제대로 준비되어 있는가?
⑤ 가맹점포의 운영에 있어 어느 정도의 자율성이 허용되는가?
⑥ 자금 및 인적 지원의 내용과 수준은 적절한가?

만약에 이러한 확인과정을 거치지 않고, 무작정 가맹점 계약을 하게 되면 나중에 엄청나게 후회하는 결과를 가져올 수도 있다는 것을 명심해야 할 것이다. 즉, 일부 프랜차이즈의 본사는 프랜차이즈 시스템에 대한 이해와 개념도 없이 무작정 가맹점을 모집하고 있는 경우도 매우 많다는 것을 알아야 한다.

또한 본사가 부실하거나 실패하는 경우에 가맹점에 대한 최소한의 도덕적 책임도 망각하고 본사의 이익만을 생각하는 경우가 너무도 많다는 것이다. 심지어 일부 프랜차이즈 본사에서는 예비창업자들에게 막대한 피해를 입힌 후에 몇 년간 사업을 중단하였다가 다른 브랜드로 다시 가맹점 모집에 나서는 경우도 있다는 것이다. 그렇기 때문에 예비창업자는 가맹계약을 하려는 본사 대표자 및 주요 임원에 대한 이력을 검토해 볼 필요가 있다는 것이다.

☞ [YouTube 채널: 김영문_travel_and_sbiz]

본 내용과 관련하여 유튜브(YouTube)에 등록되어 있는 동영상 강좌는 다음과 같다.

① 가맹점 창업시의 고려사항 5가지

② 가맹점 창업자들의 돈 버는 전략

90. 홍보 메일 및 문자의 발송

요즈음은 이메일 발송 및 휴대폰 문자메시지를 통해 홍보 혹은 광고를 진행하는 경우가 많은데, 수 백개 혹은 수 천개 이상의 이메일과 문자를 발송하기 위해서는 아래의 사이트들을 활용할 수 있다. 또한 다음(Daum) 혹은 네이버(Naver)에서 검색을 하면, 대량의 메일 혹은 문자를 발송할 수 있는 사이트들을 쉽게 찾을 수 있다.

① 문자세상(www.sms010.co.kr)
② 문자달인(www.mdalin.co.kr)
③ 문자나라(www.munjanara.co.kr)
④ 메일플러그(www.mailplug.com)
⑤ 포스트맨 메일발송(TAS www.tason.com)
⑥ 마이제닉(www.myzenic.com)

한편, 이메일 및 휴대폰 문자메시지를 전송할 때에 고려해야 할 사항들은 다음과 같다.

① 이메일 및 휴대폰 문자메시지를 전송할 때에 창업자가 상품을 판매하고 있는 SNS에 접속해 보고 싶은 혜택 혹은 보상이 포함되어야 한다. 예를 들어, 할인, 포인트 부여, 무료 배송 등의 혜택을 반드시 포함시키는 것이 필요하다.

② SNS에서 판매하고 있는 상품을 구매할 수 있는 목표 고객(target customer)을 선정하여 이메일 및 휴대폰 문자메시지를 발송하는 것이 필요하며, 무차별적인 배포는 오히려 부정적인 이미지를 심어줄 수도 있다.

③ 이메일 및 휴대폰 문자메시지에 상품을 판매하고 있는 SNS의 주소를 포함시키는 것이 필요한데, 가급적이면 인지도가 높으면서 많은 사람들이 사용하는 SNS가 적당할 것이다. 또한 메인(main) 사이트 혹은 시작페이지로 사용되고 있는 SNS라면 그 효과는 더욱 클 것인데, 메인 사이트에서 연동되어 있는 다른 SNS에 대한 접속을 증가시키는 데 도움이 될 수 있다.

☞ [YouTube 채널: 김영문_travel_and_sbiz]
본 내용과 관련하여 유튜브(YouTube)에 등록되어 있는 [이메일 마케팅을 위한 10계명]을 검색하여 들어보세요.

91. 프랜차이즈 사업의 전개과정

창업으로 돈을 빠르게 그리고 많이 벌려고 하면 아마도 프랜차이즈 본사 창업을 하는 것이 가장 좋다고 할 수 있다. 하지만, 독립형 창업과는 달리 프랜차이즈 본사 창업은 하나의 시스템으로서 구축되어야 하고 시스템의 구성요소들이 유기적으로 결합되는 것이 중요하다. 일반적인 프랜차이즈 사업의 전개과정은 다음과 같다.

(1) 정보수집 및 분석

가. 국내외 창업동향에 대한 분석

나. 시장정보의 조사와 분석, 고객조사

다. 경쟁분석 및 벤치마킹

(2) 창업콘셉트의 설정

가. 창업아이템의 선정

나. 사업타당성 검토: 성장성, 안정성, 수익성 분석

다. 가맹본부 운영의 기본원칙: 단순화, 표준화, 전문화

(3) 프랜차이즈 시스템의 설계

가. 상품개발 시스템의 구축

나. 가맹점개발 시스템의 구축

다. 점포개발 시스템의 구축

라. 물류시스템의 구축

마. 교육훈련 시스템의 구축

바. 판매촉진 시스템의 구축

사. 서비스 시스템의 구축

(4) 시범점포의 운영

가. 시범점포(model shop)의 개설

나. 창업콘셉트의 확립

다. 프랜차이즈 시스템의 수정 및 보완

라. 프랜차이즈화의 검토

(5) 운영매뉴얼의 작성

가. 프랜차이즈 시스템의 확립

나. 각종 매뉴얼의 작성

다. 프랜차이즈 계약서의 작성

(6) 가맹계약

가. 가맹점 모집방법의 확립

나. 가맹점 계약서 마련 및 계약

(7) 가맹점 오픈

가. 신속한 체인화 전략의 확립

나. 조직화 전략의 확립

다. 본사-가맹점 간의 정보관리시스템의 확립

(8) 경영지도/사후관리

가. 교육훈련 시스템의 확립

나. 판매촉진, 홍보와 광고 전략의 확립

다. 슈퍼바이저(supervisor)의 육성 및 가맹점 관리

위에서 프랜차이즈 사업의 전개과정을 8단계로 나누어서 요약을 하였는데, 몇 가지의 중요 내용을 살펴보면 다음과 같다.

① 국내 프랜차이즈시장의 흐름을 잘 분석하여 미래지향적이면서 지속적 성장이 가능한 창업분야를 선택하는 것이 필요하다.

② 프랜차이즈 시스템의 설계는 '프랜차이즈 본사가 갖추어야 할 기능 10가지'로 생각하면 되는데, 업종에 따라 일부 변경될 수 있을 것이다.

③ 시범점포(model shop)를 개설하여 충분한 시간을 갖고 운영한 후에 부족한 부분을 보완하는 것이 매우 중요하다.

④ '가맹사업거래의 공정화에 관한 법률'의 내용을 숙지하여 준수하도록 해야 한다.

⑤ 가맹점을 많이 오픈하는 것보다 더 중요한 것은 기존 가맹점에 대한 경영지도라는 것을 생각해야 하는데, 이를 위해서 가맹점

에 대한 경영지도와 관리를 담당하는 유능한 슈퍼바이저를 육성하여 가맹점에 대한 정기적인 경영지도를 할 수 있도록 해야 한다.

⑥ 가맹점 창업자가 본사가 만든 운영매뉴얼을 그대로 따라 하면 본사가 예상하는 매출과 수익이 발생할 수 있도록 하는 것이 중요한데, 그렇게 하기 위해서는 시범점포의 운영을 통해서 프랜차이즈를 하나의 시스템으로 구축해야 한다는 것을 잊지 말아야 한다.

한국의 창업시장에서 가장 인기가 있는 것이 프랜차이즈 창업이면서도 가장 법적 분쟁이 많은 것도 역시 프랜차이즈 창업이라는 것을 생각해야 한다. 프랜차이즈 창업이 가장 활성화되어 있는 창업분야이면서도 경쟁력이 떨어지고 있는 창업분야 역시 프랜차이즈 창업이라는 것도 생각해야 한다. 그것은 프랜차이즈 창업에 대한 이론과 실무지식을 갖추지 못한 상태에서 무차별적으로 가맹점 모집에 나서고 있는 프랜차이즈 본사의 잘못도 있으며, 동시에 프랜차이즈 창업에 대한 이해가 부족한 상태에서 가맹점 계약을 하고 있는 예비창업자들의 인식 부족에서도 찾을 수 있다.

☞ [YouTube 채널: 김영문_travel_and_sbiz]
본 내용과 관련하여 유튜브(YouTube)에 등록되어 있는 동영상 강좌는 다음과 같다.
① 프랜차이즈 본사의 설립과 사업전개
② 프랜차이즈 본사의 인터넷 활용전략

92. 프랜차이즈 가맹점의 효과적인 모집방법

프랜차이즈 본사 창업자의 입장에서는 신속하게 전국적으로 가맹점을 모집하고 싶은 마음이 앞서는 것이 사실이다. 이러한 시점에서 가맹점을 잘 모집할 수 있는 방법을 제시하면 다음과 같다.

(1) 전국에서 개최되는 창업박람회에 참여

전국적으로 볼 때 매년 20여개의 창업박람회가 개최되는데, 주요 창업박람회에 참여하여 홍보하는 것이 중요하다. 이때에는 본사에서 부스를 방문하는 예비창업자들에게 무엇을 나주어 주고, 무엇을 설명할 것인가에 대해 철저하게 준비를 해야 한다.

(2) 다양한 홍보전략을 수립하여 진행

홍보는 크게 인쇄물홍보, 온라인홍보, 언론홍보, 동영상(UCC)홍보, 키워드광고 등으로 구분할 수 있는데, 매월 일정예산을 골고루 편성하여 홍보를 진행하는 것이 좋다. 특히 프랜차이즈 본사 대표자의 브랜드화 및 인지도 향상도 가맹점 모집을 위해 중요한 부분이다.

(3) 각종 인증 및 상을 수여

벤처기업 확인, 이노비즈 인증, ISO 9000/14000 인증 등의 인증뿐만 아니라 프랜차이즈 대상 등 창업관련 상을 받음으로써 가맹점 창업예정자들에게 회사의 건전성과 아이템의 사업성 등에 대해 신뢰성을 부여할 수 있다.

(4) 모집된 가맹점에 대한 관리

기존에 모집된 가맹점에 대해 본사의 인력인 슈퍼바이저(supervisor)를 정기적으로 파견하여 경영지도를 하는 것이 중요하며, 이를 통해 가맹점의 매출 및 경영성과가 좋아지면 가맹점은 저절로 모집이 된다는 것이다.

(5) 창업시장의 트렌드에 따른 신상품, 신메뉴 등의 개발 및 지원

프랜차이즈 본사가 일정 금액을 연구개발비에 투자하여 신상품 혹은 신메뉴를 꾸준히 출시하는 것이 필요하다. '고인 물은 썩는다'라는 말도 있듯이, 고객의 변화에 따라 대응을 하는 것이 필요하다는 것이다.

(6) 창업카페를 운영하거나 인수하는 것도 전략

프랜차이즈 본사의 홈페이지만을 운영하기보다는 다음(Daum)과 네이버(Naver)에 창업 카페를 운영하거나 적어도 수천명의 회원이 있는 카페를 인수하여 운영하는 것도 가맹점 모집을 위한 좋은 전략이 될 수 있다.

☞ [YouTube 채널: 김영문_travel_and_sbiz]
본 내용과 관련하여 유튜브(YouTube)에 등록되어 있는 [프랜차이즈 본사의 4S 전략]을 검색하여 들어보세요.

93. 투잡스(two jobs)를 위한 준비사항 10가지

인생은 분명 이모작(two-crop farming)이어야 한다. 한 번만 주어지는 삶에 한 가지만 하고 마무리를 한다면 너무 억울하지 않겠는가 하는 생각이다.

① 관심있는 투잡스 분야의 자격증이 있는지를 알아보고, 반드시 자격증을 취득하는 것이 좋다. 자격증은 국가자격증, 민간자격증, 외국자격증으로 구분되는데, 한국산업인력공단에서 운영하는 큐넷(www.q-net.or.kr)에서 자세한 정보를 제공하고 있다.

② 정보수집과 정리를 게을리해서는 안 된다. 투잡스는 전문성과 경쟁력이 있어야 하기 때문이다. 매일 쏟아져 나오는 정보를 수집하여 자기만의 방식으로 데이터베이스를 구축하는 것도 잊지 말아야 한다.

③ 자금계획을 미리 해야 한다. 특히 외식 및 점포창업분야의 투잡스를 할 경우에 예상하지 못한 자금수요가 있을 수 있다. 잘못하면 추가적인 수입을 원하다가 본업을 망치는 경우가 생길 수 있음을 유념해야 한다.

④ 무점포 혹은 재택으로 투잡스를 할 경우 어떻게 홍보하고 광고할 것인가를 생각해야 한다. 즉, 사이버 공간에서의 네트워크뿐만 아니라 오프라인에서의 인맥관리에도 신경을 써야 한다.

⑤ 체력을 관리해야 한다. 특히 저녁시간에는 술 약속을 가능한 한 줄이고, 헬스클럽으로 가는 것이 필요하다. 건강한 체력이 없이는 1년 이상 버티지 못할 것이다.

⑥ 가족의 지원과 동의가 필수적이다. 2개의 직업을 가지게 되면, 자연스럽게 가정을 소홀히 하기 쉽기 때문이다. 때로는 가족 중에서 투잡스를 직접 도와 줄 수 있도록 설득하면 금상첨화다.

⑦ 컴퓨터와 인터넷을 효과적으로 활용해야 한다. 컴퓨터와 인터넷은 신이 내린 선물이며, 시간과 공간을 초월하여 업무를 수행하는 데 도움을 줄 수 있다. 컴퓨터와 인터넷을 전략적으로 활용하면 경쟁력 강화에 많은 도움을 준다.

⑧ 시간관리 아니 분(minute) 관리 요령을 터득해야 한다. 과거에는 시테크라고 했지만, 요즈음 분테크, 초테크라는 말이 나올 정도로 투잡스에서 시간관리는 생명과 같다.

⑨ 관련 분야의 투잡스를 하고 있는 사람들과 늘 커뮤니케이션하고 커뮤니티에 적극 참여해야 한다. 전문분야를 살린다고 해서 어둠 속에서 나홀로 살아갈 수가 없다. 공유하고 제휴하는 데 익숙해야 한다.

⑩ 투잡스로 인한 경험과 노하우는 본업을 대체할 수도 있다는 생각을 가져야 한다. 더구나 평생직장이 없는 한국의 실정을 감안하면, 결국 자신을 믿고 겨울에 눈사람을 만든다는 생각으로 작게 시작해서 조금씩 발전시켜 나가야 한다.

☞ [YouTube 채널: 김영문_travel_and_sbiz]

본 내용과 관련하여 유튜브(YouTube)에 등록되어 있는 동영상 강좌는 다음과 같다.

① 직장인을 위한 투잡스 창업아이템

② 투잡스로 성공하는 10계명

③ 소호투잡스창업 10대분야(1)

④ 소호투잡스창업 10대분야(2)

94. 밴드(BAND)를 활용한 전자상거래 창업

밴드는 처음에는 SNS로 출발하였지만, 요즈음은 상품을 판매하는 전자상거래 사이트로 운영하고 있는 사례들이 크게 증가하고 있는 실정이다. 또한 밴드는 페이스북, 인스타그램을 제치고 국내 1위 SNS가 되었는데(앱스토리, 2020.9.21.), 밴드는 게시판을 중심으로 구성된 SNS라는 점이 다른 SNS와 비교하여 가장 큰 차별점이라고 할 수 있다.

한편, 밴드를 활용한 전자상거래의 주요 사례들은 다음과 같은데, 위에서 설명한 SNS에서 활용할 수 있는 다양한 결제서비스를 활용하게 되면 밴드를 일종의 인터넷쇼핑몰 혹은 전자상거래 사이트로 개발하여 운영할 수 있다.

① 남 다른 운동화 소호리(band.us/band/60936616)에서는 일본에서 직수입한 신발 및 의류 등을 오프라인에서 운영하고 있는 점포와 연계하여 판매하고 있다.

② 이쁘자나(band.us/band/61332536)에서는 여성의류를 전문적으로 판매하고 있는데, 상품을 판매하고 싶은 입점자도 모집하고 있다.

③ 뽑기상품판매(band.us/band/57926333)에서는 뽑기를 하여 획득한 상품 중에서 필요 없거나 사용하지 않는 상품을 판매하고 있다.

한편, 밴드를 전자상거래 사이트로 만들 수 있는 또 다른 방법은

[그림 18]에서 확인할 수 있는 [주소복사]를 활용하면 되는데, 구체적인 절차는 다음과 같다.

① 먼저 네이버(Naver) 혹은 다음(Daum)의 카페(cafe) 등과 같이 상품을 판매할 수 있는 커뮤니티 사이트를 만든다.

② 카페(cafe)에서 HTML 명령어를 활용하여 밴드에 등록되어 있는 상품구매 페이지로 링크(link)를 시켜서 상품을 구매할 수 있도록 하면 되는데, [그림 18]에 있는 [주소복사]를 활용하면 된다.

③ SNS에서 활용할 수 있는 다양한 결제서비스를 활용하여 고객이

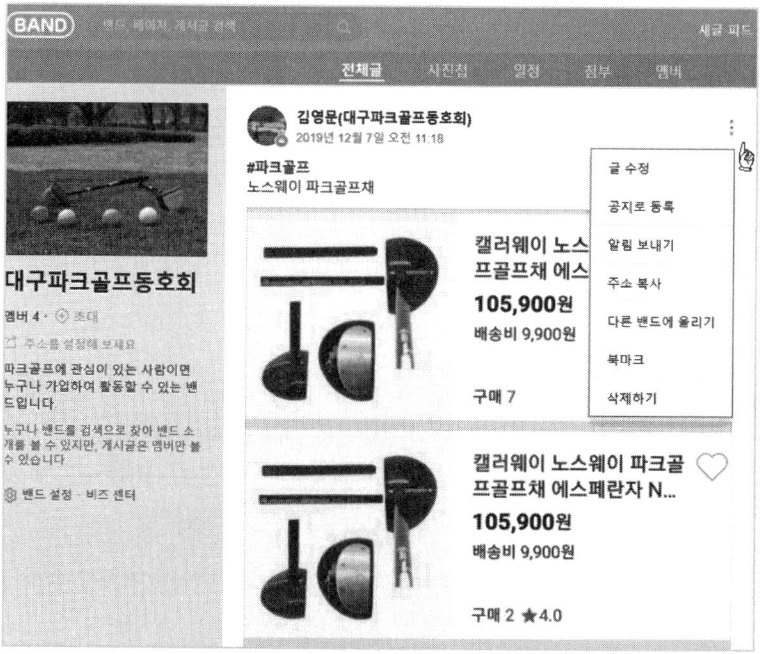

[그림 18] 밴드에서 상품구매 페이지의 주소복사

직접 결제를 할 수 있도록 함으로써 밴드를 독립적인 전자상거래 사이트로 운영할 수 있을 것이다.

☞ [YouTube 채널: 김영문_travel_and_sbiz]
본 내용과 관련하여 유튜브(YouTube)에 등록되어 있는 [밴드 만들고 운영하기]를 검색하여 들어보세요.

95. 1인 창업자로 성공하는 전략 10가지

1990년 말과는 달리 창업시장은 소자본창업, 무점포창업, 재택창업, 소호(SOHO), 1인기업 등의 창업에 관심을 보이는 예비창업자들이 급속하게 증가할 것으로 예상되고 있다. 특히, 2009년부터 1인기업에 대한 관심이 높아지고 있으며, 이러한 1인기업의 시대를 잘 적응하기 위한 10가지 전략을 소개하면 다음과 같다.

① 정부의 창업지원제도를 잘 활용하라.

현재 정부는 어느 해보다도 창업시장의 활성화를 위해 많은 예산을 투입하려고 계획하고 있으며, 특히 향후 5년간 18만개의 1인지식기업을 창업시키겠다고 밝히고 있다. 이에 따라 예비창업자들은 창업하고자 하는 분야의 정부지원정책을 사전에 조사하고 정부의 지원을 받을 수 있도록 꼼꼼하게 준비하는 것이 중요할 것이다.

② 커뮤니티의 운영을 통해 인맥을 구축하라.

불황기에 창업을 할 때에는 충성도 높은 단골고객의 확보가 적정 매출의 확보를 위해 매우 중요하다고 할 수 있는데, 이를 위해서는 커뮤니티의 운영이 중요하다는 것이다. 예를 들어, 커뮤니티는 다음(Daum)과 네이버(Naver)에서 카페(cafe)를 운영하여 구축할 수 있는데, 최근 인터넷쇼핑몰 혹은 오픈마켓(open market) 창업자들도 커뮤니티의 개설과 운영에 속속 나서고 있는 실정이다.

③ 키워드 광고를 전략적으로 활용하라.

1인기업이 당면하는 가장 큰 과제는 판로개척이며, 이를 위해서는 다양한 홍보전략이 필요하다. 하지만, 1인기업의 경우에는 인력과 자금의 한계 때문에 많은 홍보비용을 지출할 수 없을 것이다. 그렇지만 포털사이트의 키워드 광고를 통해 목표고객에게 가장 효과적으로 홍보할 수 있을 것이다. 예를 들어, 무차별적인 전단지 광고보다는 월 1~2만원의 키워드 광고비만 투자해도 하루에 수십명의 목표고객에게 정확하게 홍보할 수 있다는 것이다.

④ 틈새시장을 공략하라.

1인기업은 시장에 공급하는 제품과 서비스의 분석을 통해서 틈새시장(niche market)을 찾고 틈새시장에 집중함으로써 경쟁력이 강화될 수 있다. 그렇게 함으로써 한정된 자원을 효과적으로 배분할 수 있는 것이다. 어떤 틈새시장에 집중할 것인가 하는 것은 기업의 제품과 서비스, 창업자의 경험과 노하우, 시장세분화 등을 통해 결정할 수 있을 것이다.

⑤ 숍인숍 창업에 관심을 가져라.

경기상황이 나빠지면 점포의 보증금, 권리금, 월세 등이 급속하게 하락하게 되는데, 몇달 전에 비해 점포비용이 저렴하다고 해서 성급하게 점포를 구했다가는 매출이 조금 상승한다고 하더라도 점포관련 비용에서 막대한 손실을 볼 수 있다. 따라서 숍인숍(shop in shop) 창업을 통해 창업 준비에 따른 고정비용을 절감하고 여유 자금은 나중의 상황변화를 고려하여 당분간 비축해 두는 것이 좋을 것이다.

⑥ 건강과 체력을 잘 관리하라.

1인기업은 혼자서 멀티플레이어(multiplayer)의 역할을 감당해야 한다는 것이며, 그렇게 하기 위해서는 건강을 잘 관리할 필요가 있다는 것이다. 예를 들어, 가까운 거리는 걸으면서 운동을 대신하고, 컴퓨터, 인터넷, 휴대폰 등과 같은 정보통신기술을 효과적으로 활용하여 시간과 에너지를 절약하는 것도 체력관리에 많은 도움이 될 것이다.

⑦ 아웃소싱을 통해 경쟁력을 확보하라.

1인기업이 창업의 시점부터 모든 것을 갖추려고 하면 시간이 너무 많이 소모되는 것은 물론 많은 재정도 필요하게 된다. 따라서 아웃소싱(outsourcing)을 통해 창업기업의 핵심요소를 제외한 다른 것들은 외부에서 조달하는 것이 중요한데, 이를 통해 창업에 따른 제반 비용 및 인력수요를 크게 절감할 수 있다는 것이다.

⑧ 해외 창업아이템을 벤치마킹하라.

지난 10여년간 한국의 창업시장을 보면 해외에서 도입되거나 벤치마킹한 창업아이템들이 크게 인기를 끌은 것은 물론 수명 또한 상대적으로 길었다는 것을 확인할 수 있다. 특히 미국과 일본의 창업아이템에 대한 선호도가 높았다는 것도 사실이다. 그렇기 때문에 이미 선진국에서 검증된 창업아이템을 벤치마킹하여 국내 시장의 환경에 맞게 도입하는 것도 좋은 전략이 될 수 있다.

⑨ 수익모델을 다양화시켜라.

실패한 창업자들의 문제 중의 하나는 바로 한 가지 아이템에 지나치게 집착한 나머지 다양한 수익모델을 찾는 데 실패했다는 것을 들 수 있다. 특히 불황기에는 적어도 2~3개의 수익모델 혹은 비즈니스 모델(business model)을 개발하는 것이 필요한데, 그렇게 함으로써 수익의 원천을 다양화시킬 수 있다는 것이다.

⑩ 1인기업의 창업자를 브랜드화시켜라.

1인기업에서는 제품이 브랜드가 되는 것이 아니라 1인기업의 창업자가 브랜드가 되어야 한다. 고객은 창업자를 보고 창업자가 제공하는 상품과 서비스를 구매하도록 하는 것이 중요하다는 것이다. 그렇게 함으로써 1인기업의 수명이 길어질 수 있을 것이다.

☞ [YouTube 채널: 김영문_travel_and_sbiz]
본 내용과 관련하여 유튜브(YouTube)에 등록되어 있는 동영상 강좌는 다음과 같다.
① 1인기업 창업의 성공전략(1)
② 1인기업 창업의 성공전략(2)
③ 1인(지식)기업의 창업아이템 종류

96. 페이스북(facebook)을 활용한 전자상거래

(1) 페이스북의 종류

세상을 연결한다(connecting the whole world)라는 기업 미션으로 출발한 페이스북은 SNS의 리더(leader)라고 할 수 있으며(베타공간, blog.naver.com/edelsoft), 페이스북(facebook)은 아래와 같이 3가지로 구분하여 개설 및 운영할 수 있다.

① 페이스북(프로필, 개인계정): 페이스북의 개인계정인데, 가입하는 방법과 프로필 설정하기(bestarbrand.blog.me/221115087172)에서 페이스북의 가입 및 프로필의 설정에 대해 자세하게 설명하고 있다. 또한 페이스북의 개인계정이 있는 경우에는 페이스북(페이지) 혹은 페이스북(그룹)을 개설할 수 있다.

② 페이스북(페이지): 고객들이 페이지를 통해 쉽게 창업자의 비즈니스, 제품 및 서비스에 관해 조금 더 알아보고 또한 문의할 수 있도록 활용할 수 있는 장점이 있다.

③ 페이스북(그룹): 판매/구매, 친한 친구, 클럽, 이웃, 가족, 스터디 그룹. 여행, 소셜 학습 등 다양한 그룹 유형을 설정할 수 있는 특징이 있는데, 페이스북 그룹 중에서 판매/구매 그룹이 가장 활성화가 되고 있는 실정이다.

(2) 페이스북을 활용한 상품판매

페이스북은 2015년 말부터 미국 등 글로벌 시장에서 '샵(shop) 섹션' 서비스를 시작하였으며, 한국에서는 2016년 8월에 샵 섹션 서비스에 대한 테스트를 시작했다(한국경제, 2016.9.12.). 또한 1인당 한 달에 평균 8시간 24분을 사용해 국내 스마트폰 앱(응용프로그램) 이용시간 점유율 1위를 달리고 있는 페이스북의 쇼핑시장 진출로 모바일 쇼핑업계의 경쟁은 더욱 치열해질 것으로 전망되고 있다.

페이스북에서도 2019년 3월에 인스타그램 앱에서 상품을 바로 판매할 수 있는 체크아웃(checkout) 기능을 출시했는데(오힘찬, 2020. 5.21.), 구체적인 내용은 전자상거래 비즈니스를 위한 페이스북(www.facebook.com/business/industries/ecommerce)에서 확인할 수 있다.

(3) 페이스북에서 SNS전용 결제기능을 활용한 상품판매

페이스북에서 판매/구매 그룹 혹은 페이지를 활용하여 상품판매를 할 수 있지만, 유니크로(www.unicro.co.kr), 블로그페이(blogpay.co.kr) 등과 같이 다양한 결제기능을 부가적으로 활용하여 보다 편리한 상품판매가 가능하다. 또한 페이스북에서 HTML 명령어를 활용하여 상품을 판매하고 있는 다른 SNS 및 오픈마켓으로 연동시키는 것도 고려할 수 있다.

(4) 페이스북에서의 효과적인 상품판매 방법

페이스북은 크게 3가지의 유형으로 개설 및 활용할 수 있는데, 상품판매의 경우에는 판매/구매 그룹 혹은 페이지에서 상품을 판매할 수 있는 기능을 제공하고 있다. 하지만, 위에서도 언급하였듯이 페이스북(프로필, 개인계정)에서도 상품등록한 후에 유니크로(www.unicro.co.kr)의 거래프로세스를 활용하여 얼마든지 상품의 판매 및 결제를 할 수 있다.

다만, 전체적으로 볼 때에 페이스북에서의 상품판매는 조금씩 기능이 추가되면서 발전하고 있는 초기단계라고 할 수 있는데, 페이스북에서의 직접 판매보다는 상품을 판매하고 있는 다른 SNS와의 연동이 오히려 더 효과적일 수 있다. 즉, 페이스북에서는 판매하고 싶은 상품들을 등록한 후에 구매를 원하는 고객들이 상품을 판매하고 있는 다른 SNS로 접속할 수 있는 통로를 HTML 명령어를 활용하여 제공하는 역할이 오히려 더 효과적일 수 있을 것이다. 페이스북에서는 상품이미지, 동영상(UCC) 등을 활용하여 판매하고자 하는 상품에 대한 홍보를 하면서 실제로 상품구매를 할 수 있는 다른 SNS로 접속할 수 있도록 도와주는 역할을 하는 것이 효과적일 수 있다

☞ [YouTube 채널: 김영문_travel_and_sbiz]
본 내용과 관련하여 유튜브(YouTube)에 등록되어 있는 동영상 강좌는 다음과 같다.
① 페이스북을 활용한 홍보, 광고 및 상품판매
② 기업에서 페이스북의 활용
③ 페이스북 개인계정, 페이지 및 그룹 운영

97. 손재주와 수공예 창업의 특징과 고려사항

여성들이 좋아하는 창업분야 중의 하나가 바로 손재주와 수공예 창업이라고 할 수 있는데, 굳이 여성들에게 국한하여 생각할 필요는 없다.

(1) 손재주를 이용하는 창업의 특징과 생각해야 할 것

① (매우)(잘) 만들 수 있어야 한다.

② (매우)(잘) 만든다고, 잘 팔리는 것은 아니다.

③ 어떻게 고객에게 알릴(홍보) 것인가를 고민해야 한다.

④ 고객이 돈을 주고 구매할 것인가를 생각해야 한다.

⑤ 취미와 창업은 다르다.

⑥ 배우는 데 시간과 돈이 많이 들어간다.

⑦ 교육비 외의 다른 창업비용은 상대적으로 적게 들어간다.

⑧ 최고의 전문가에게 경험과 노하우를 배워야 한다.

⑨ 벤치마킹을 자주 하는 것이 매우 중요하다.

⑩ 수익을 창출하기까지 많은 인내와 끈기가 필요하다..

⑪ 상품을 만드는 데 시간과 비용이 많이 들어간다.

⑫ 고객은 비싸게 구매할 생각이 없다.

⑬ 많은 고객들은 손재주의 가치를 알아주지 않는다.

⑭ 자신만의 독창성을 확보할 수 있다.

⑮ 손재주는 눈으로 봐도 쉽게 모방할 수 없다.

⑯ 교육수입이 오히려 더 좋은 편이다.

(2) 손재주를 이용하는 창업의 준비

① 온라인 홍보 및 마케팅을 위한 기반을 만든다.

② (매우)(잘) 만들도록 배운다.

③ 단체(협회)에 가입한다.

④ 국가 혹은 민간자격증을 취득한다.

⑤ 창업자의 인지도를 높인다.

(3) 손재주를 이용하는 창업의 고려사항

① 프랜차이즈로의 발전 가능성을 검토한다.

② 평생 혼자서 할 수 있는가를 생각한다.

③ 장기적으로 할 수 있는가를 검토한다.

④ 지속적으로 성장하는 분야인가를 검토한다.

⑤ 사단법인과 같은 공인된 단체 및 민간자격증도 검토한다.

☞ [YouTube 채널: 김영문_travel_and_sbiz]

본 내용과 관련하여 유튜브(YouTube)에 등록되어 있는 동영상 강좌는 다음과 같다.

① 수공예창업자의 고려사항

② 수공예 창업아이템과 수익창출 방법

98. [추천 창업아이템] 실버용품 전문점

실버용품 전문점은 고령화 사회에서 꼭 필요한 실버용품을 판매하는 창업아이템이며, 실버용품에 대한 수요는 노인인구의 증가를 보더라도 지속적으로 증가할 것으로 예상된다. 대한상공회의소에서 발표한 실버산업 연평균 성장률 전망 자료에 따르면, 의료기기에서 실버산업 성장률이 12.1%로 기존산업 11%를 앞지르고 있다. 정보 분야에서는 25.1%로 기존산업 성장률 5%를 크게 상회하는 것으로 나타났다. 이렇게 실버산업은 다른 산업과 비교하여 크게 성장하고 있는 실정이며, 이에 따라 실버용품 전문점 창업은 향후 가장 유망한 창업아이템으로 각광을 받을 것으로 전망된다.

현재 국내에서 실버용품 전문점 창업은 아직 초기단계에 있는 실정이며, 주요 창업사례는 다음과 같다. 먼저 실버365에서는 건강측정용품(혈압계, 혈당측정기, 체온계 등), 생활건강용품(틀니소독기, 효도화, 안마기), 생활편의용품(증폭전화기, 돋보기) 등과 같이 생활건강에 관련된 상품과 보행보조용품(휠체어, 보행 보조차, 지팡이), 배변간병용품(성인용 기저귀, 간병침대), 목욕보조용품(목욕의자, 목욕안전용품) 등과 같이 독립생활이 어려운 분들에게 필요한 보조용품을 판매하고 있으며, 오프라인 및 온라인 가맹점 창업도 지원하고 있다. 또한, 실버카페, 건강사랑몰, 나비엠알오 등에서도 다양한 실버용품들을 판매하고 있는

데, 실버용품 전문점 창업을 생각하고 있는 경우에는 벤치마킹을 해 보는 것도 좋을 것이다.

한편, 실버용품 전문점 창업을 결정하였다면 아래의 사항들에 대한 조사 혹은 체계적인 준비가 필요할 것이다.

① 우선 실버용품에 대한 조사가 필요한데, 이를 위해서는 국내외 도매시장 및 다양한 전자상거래 사이트들을 방문하여 찾아보는 것이 필요하다. 국내 도매사장으로는 동대문 시장, 남대문 시장 및 화곡동 도매시장이 있으며, 해외 도매시장으로는 중국의 이우시장, 일본의 오사카 도매시장 등이 있다. 이러한 도매시장을 방문하면서 가능하면 대중성이 있는 실버용품의 선정이 중요한데, 그것은 누구나 필요하면서 누구나 구매를 하고 또한 누구나 사용하는 제품을 찾는 것이 필요하다는 것이다. 아울러, 판매할 제품의 종류를 최종적으로 확정하기 위해서는 해외의 사례에 대한 조사 및 분석도 필요할 것이다.

② 실버용품을 어떻게 판매할 것인가를 고려해야 하는데, 크게 보면 오프라인(off-line)과 온라인(on-line)에서의 상품판매, 독립형 창업과 프랜차이즈 창업에 의한 상품판매로 구분하여 생각할 수 있다. 여기에서 오프라인(off-line)은 점포에서의 상품판매를 말하는 것이며, 온라인(on-line)은 다양한 전자상거래 사이트를 활용한 상품판매를 말한다. 또한 독립형 창업은 창업자의 점포를 활용하여 상품을 판매하는 것이며, 프랜차이즈 창업에 의한 상품판매는 전국적으로 가맹점들을 모집하여 상품을 판매하는

것이다.

③ 실버용품의 판매와 더불어 생각할 수 있는 것은 실버들을 위한 별도의 레저 및 스포츠시설을 운영하는 것이다. 즉, 실버용품을 구매한 고객들이 지역별로 운영되고 있는 레저 및 스포츠시설을 무료로 이용할 수 있도록 하는 서비스를 제공하게 되면 상품의 판매는 지속적으로 증가될 수 있기 때문이다.

④ 스마트폰을 사용하는 실버들이 크게 증가하고 있는 것을 감안하면 실버용품의 판매와 더불어 다양한 정보를 제공하기 위한 앱(app)을 개발하여 보급하는 것도 필요할 것이다. 다만, 실버들이 쉽게 사용할 수 있도록 간단하게 만들면서 유용한 정보들을 많이 제공하는 것이 필요하다. 또한 앱(app)의 사용방법에 대한 동영상(UCC)을 만들어서 제공하는 것도 앱(app)의 이용을 활성화시키는 데 많은 도움이 될 것이다.

⑤ SNS(Social Networking Service)의 활용이 급속하게 확산되고 있는 실정을 감안하면, 페이스북(facebook), 밴드(band), 인스타그램(instagram) 등을 이용하여 고객들과 인맥을 형성하는 것이 필요하다.

결론적으로, 실버용품들은 대부분 다품종 소량으로 소비되기 때문에 제품 구성력이 매장 활성화를 좌우할 수 있다. 그렇기 때문에 관련 업계의 정보를 다양하고 빠르게 입수하는 것이 중요하며, 인터넷쇼핑몰 등 다양한 전자상거래 사이트를 함께 운영하는 것도 매출에 큰 도움이 될 수 있다. 현재 실버용품의 개발 및 판매는 일본 등 해외 선진국에서 크게 성장하고 있기 때문에 해외 정보들을 꾸준하게 수집하는 것이 매우 중요할 것이다. 또한, 실버용품의 판매뿐만 아니라 건강관련 정보, 여가 활용 및 레저 정보의 제공 등 실버들이 필요로 하는 다양한 서비스를 제공하는 것이 필요하다. 특히 고객들을 대상으로 정기적으로 여가 및 관광서비스를 제공하는 것은 장기적으로 볼 때에 충성도가 높은 고객들을 모집하는 데 많은 도움이 될 수 있다. 또한 일을 할 수 있는 실버들을 위해서는 다양한 일자리 정보를 제공하는 것도 생각할 수 있다.

99. [추천 창업아이템] 프랜차이즈 총판계약을 활용한 무점포 창업

(1) 창업아이템의 개요

시장성과 장래성이 있는 프랜차이즈 본사와 특정 지역(예: 대구경북 지역)에서 총판계약을 한 후에 예비창업자와 가맹점 계약을 체결하고 본사로부터 일정 금액의 수수료를 받는 창업아이템이다. 총판계약의 경우에는 적어도 5천만원 전후의 자금이 초기에 투자되어야 한다는 단점이 있지만, 사업성이 있는 창업아이템에 대한 총판계약은 상당 기간 동안에 수익성이 상당히 좋다는 장점이 있다. 또한 총판계약을 활용한 창업은 어쩌면 전화기 1대와 홍보를 위한 웹사이트가 있으면, 예비창업자들도 창업이 얼마든지 가능하다는 장점도 있다.

(2) 창업성공사례 및 관련 사이트

프랜차이즈 총판계약을 활용한 무점포 창업을 성공적으로 진행하기 위해서 제일 먼저 해야 하는 일은 바로 우수한 프랜차이즈 본사를 찾아서 계약을 체결하는 것이다. 이를 위해서 한국프랜차이즈산업협회(www.ikfa.or.kr), 한국프랜차이즈경제인협회, 공정거래위원회 가맹사업거래 홈페이지(franchise.ftc.go.kr)에서 사업성과 장래성을 갖춘 프랜차이즈 본사들을 찾을 수 있다. 또한 전국에서 개최되는 창업박람회에서 우수한 프랜차이즈 창업아이템들을 찾을 수도 있는데, 서울무역전시장(www.setec.co.kr), 코엑스(www.coex.co.kr), 벡스코(www.bexco.co.kr), 대구전시컨벤션센터(www.excodaegu.co.kr), 킨텍스(www.kintex.com) 등에서 매년 개최되는 다양한 창업박람회에 대한 정보를 수집한 후에 참석하여 총판계약을 체결할 수도 있다.

한편, 다음(Daum), 네이버(Naver) 등과 같은 포털사이트에 등록되는 뉴스를 검색하여 우수한 프랜차이즈 창업아이템을 찾는 것도 도움이 될 수 있는데, 본사의 방문뿐만 아니라 가맹계약을 한 창업자들과의 만남을 통해서 본사에 대해 심층적으로 검증하는 절차가 꼼꼼하게 진행되어야 할 것이다.

(3) 핵심 성공요소 및 준비사항

예비창업자들이 프랜차이즈 총판계약을 활용한 무점포 창업을 준비할 때에 고려해야 할 주요 성공요소 혹은 준비사항은 다음과 같다.

① 매월 정기적인 창업세미나를 개최할 수 있도록 다음(Daum)과 네이버(Naver)를 활용한 카페(cafe) 혹은 홈페이지를 운영하는 것이 필요하다. 즉, 특정 창업분야 혹은 창업아이템에 관심이 있는 예비창업자들과 교류할 수 있는 커뮤니티 성격의 사이트가 필요하며, 동시에 오프라인(off-line)에서의 행사 및 교류모임도 정기적으로 진행되어야 한다,

② 가맹점 창업자들의 자질과 특성을 파악하여, 창업자에게 맞는

창업아이템들이 연결되도록 해야 하며 무차별적인 가맹점 모집은 절대 금물이다. 즉, 가맹점 모집보다 더 중요한 것은 모집된 가맹점들의 성공률을 높이도록 노력하고 지원하는 것이다. 아직도 많은 프랜차이즈 본사 혹은 창업컨설팅 회사에서는 가맹점 계약 건수를 늘리는 데에만 신경을 쓰고 있는 실정인데, 계약된 가맹점들의 성공적인 사업을 체계적으로 지원하는 것이 장기적인 관점에서 보면 더 중요하다는 것이다.

③ 공정거래위원회 가맹사업거래 홈페이지(franchise.ftc.go.kr)에서 제공하는 정보공개서를 꼼꼼하게 분석하여 사업성이 있는 본사를 선정하는 것이 매우 중요한데, 대한가맹거래사협회(www.fea.or.kr)에 소속된 가맹거래사들의 도움을 받는 것도 생각할 수 있다.

④ 창업자의 인지도를 높이도록 하는 것이 중요한데, 이를 위해서는 언론활동, 대중적인 강연활동, 창업서적 출판 등이 필요하다.

100. 전자상거래 및 인터넷쇼핑몰 창업전략 10가지

인터넷쇼핑몰 및 전자상거래 사이트를 개발하고 창업할 수 있는 다양한 방법에 대해 실무적인 관점에서 종합적으로 살펴보면 아래와 같다. 물론 일부는 이미 앞에서 설명을 하였지만, 전자상거래 및 인터넷쇼핑몰 창업이 가능한 10가지를 융합적으로 활용하게 되면 매출 향상에 많은 도움이 될 것이다.

(1) 인터넷쇼핑몰 전문기업들의 솔루션을 활용

메이크샵(www.makeshop.co.kr), 스마트스토어(sell.smartstore.naver.com), 카페24(www.cafe24.com), 가비아(www.gabia.com), 후이즈(mall.whois.co.kr), 고도몰(www.godo.co.kr) 등과 같은 인터넷쇼핑몰 솔루션(solution)들을 활용하여 창업할 수 있다.

(2) 국내 오픈마켓(open market)을 활용

옥션, G마켓, 11번가, 인터파크 및 쿠팡 등의 오픈마켓에서 상품을 등록하여 판매하는 것을 말하는데, 옥션에서 스토어(store)를 개설하거나 G마켓에서 미니샵(minishop) 등을 개설하여 오프라인(off-line) 점포에서 판매하고 있는 다양한 상품들을 등록하여 판매할 수가 있다. 여기에서 옥션의 스토어(store) 혹은 G마켓의 미니샵(minishop)은 독립적인 주소가 부여되기 때문에 일종의 인터넷쇼핑몰과 같이 생각해도 될 것이다.

(3) 이베이(eBay)를 활용

이베이(www.ebay.com)는 아마존(www.amazon.com) 및 알리바바(www.alibaba.com)와 더불어 전 세계 3대 전자상거래 사이트 중의 하나이며, 옥션과 G마켓에서 상품판매를 해 본 경험이 있으면 누구나 이베이(eBay)에서 상품을 등록하여 국내 시장을 넘어 글로벌 고객들에게 상품 판매를 시작할 수 있다. 또한 이베이(eBay)에서는 스토어(store)를 개설하여 운영할 수 있는데, 이것은 위에서 설명한 오픈마켓(open market)에서와 같이 독립적인 주소가 부여되기 때문에 일종의 전자상거래 사이트와 같이 생각해도 될 것이다.

(4) 도매사이트를 활용

도매사이트에 등록되어 있는 상품을 도매가격으로 구입하여 판매하거나 상품 이미지만을 무료 혹은 저렴한 비용에 제공 받아서 별도의 전자상거래 사이트를 운영할 수 있다. 대표적인 도매사이트로는 도매꾹(domeggook.com/main), 도매토피아(www.dometopia.com), 오너클랜(www.ownerclan.com), 도매스카이(www.domesky.com) 등이 있는데, 네이버(Naver) 혹은 다음(Daum)에서 검색해 보면 다양한 도매사이트들을 더 많이 찾을 수 있다.

(5) 프랜차이즈 개념을 도입한 인터넷쇼핑몰 운영

인터넷쇼핑몰 창업에 프랜차이즈 개념을 도입하게 되면, 여러 개의 인터넷 주소를 사용하여 여러 개의 전자상거래 사이트들을 만들어서 여러 명의 창업자가 동시에 운영하는 것이 가능하게 된다. 지금까지 오프라인(off-line)에서만 존재하던 프랜차이즈 창업이 온라인(on-line)에서도 가능하다는 특징이 있다. 예를 들어, 메이크프랜(www.makefran.co.kr), 카페24(www.cafe24.com) 등에서는 인터넷쇼핑몰을 프랜차이즈 사업으로 전개시킬 수 있는 솔루션을 제공하기 때문에 인터넷쇼핑몰의 프랜차이즈 사업도 적극 고려해볼 만하다.

(6) 해외 고객을 위한 인터넷쇼핑몰 운영

현재 임대형 인터넷쇼핑몰 전문기업에서는 국내 시장뿐만 아니라 해외의 고객들에게도 상품을 판매할 수 있도록 지원하고 있다. 예를 들어, 드림웹(www.dreamweb.co.kr)에서는 한국어 쇼핑몰뿐만 아니라 영어, 일어, 중국어로 인터넷쇼핑몰을 제작해 주고 있다. 또한 메이크글로벌(global.makeshop.com)에서도 영어, 일어, 베트남어, 아랍어 등 다양한 외국어로 인터넷쇼핑몰을 운영할 수 있도록 지원하고 있다.

(7) 카페(cafe) 및 SNS를 활용

다음(Daum)과 네이버(Naver)의 카페에는 [상품등록게시판]을 추가하여 상품을 판매할 수 있으며, 카페(cafe), 블로그(blog) 및 다양한 SNS에서 상품을 등록하고 판매하기 위해서는 앞에서 설명한 [36. 카페, 블로그 및 SNS에서의 결제솔루션]을 활용하면 된다.

(8) 인지도가 높은 인터넷쇼핑몰에 입점하는 전자상거래

소자본으로 창업을 하는 경우에는 전자상거래 사이트를 독립적으로 개설하여 운영하는 것이 어렵기 때문에 처음에는 인지도가 높은 인터넷쇼핑몰에 입점하는 것이 오히려 더 유리할 수 있는데, 판매하고자 하는 상품과 유사한 상품들을 판매하고 있는 종합쇼핑몰들을 검색한 후에 입점 문의를 하는 것이 필요하다.

(9) 밴드(BAND)를 활용

밴드는 처음에는 SNS로 출발하였지만, 요즈음은 상품을 판매하는 전자상거래 사이트로 운영하고 있는 사례들이 크게 증가하고 있는 실정이다. 또한 밴드는 페이스북, 인스타그램을 제치고 국내 1위 SNS가 되었는데(앱스토리, 2020.9.21.), 밴드는 게시판을 중심으로 구성된 SNS라는 점이 다른 SNS와 비교하여 가장 큰 차별점이라고 할 수 있다.

(10) 페이스북(facebook)을 활용

세상을 연결한다(connecting the whole world)라는 기업 미션으로 출발한 페이스북은 아래와 같이 3가지로 구분하여 개설 및 운영할 수 있으며(베타공간, blog.naver.com/edelsoft), 페이스북의 페이지와 그룹에서는 상품을 판매할 수 있는 기능이 부여되어 있다. 다만, 아직은 페이스북에 설치되어 있는 결제기능은 없으며, 위 [(7) 카페(cafe)를 활용]에서 설명한 SNS에서 활용할 수 있는 다양한 결제서비스를 활용해야 한다. 물론 페이스북(프로필, 개인계정)에서도 이와 같은 결제서비스를 활용하여 상품을 판매할 수 있지만, 장기적으로 볼 때에는 페이스북(페이지) 혹은 페이스북(그룹)이 더 적합할 것으로 판단된다.

☞ [YouTube 채널: 김영문_travel_and_sbiz]

본 내용과 관련하여 유튜브(YouTube)에 등록되어 있는 동영상 강좌는 다음과 같다.

① 다양한 인터넷쇼핑몰 운영 및 전자상거래의 방법(1)

② 다양한 인터넷쇼핑몰 운영 및 전자상거래의 방법(2)

참고문헌

본 저서를 집필하는 중에 참고한 문헌들이며 저자들에게 깊이 감사를 드립니다. 혹시라도 고의가 아닌 실수로 누락된 것들이 있을 수 있으며, 넓은 아량으로 양해를 부탁드립니다. 아울러, 본문 중에 표시하지 않아 마치 저자가 모두 직접 쓴 것처럼 하였다면 용서를 바랍니다.

강현순, "인터넷비즈니스 창업실무", 2006 부산광역시 창업강좌 책자, 2005

______, "인터넷비즈니스 창업실무", 2006 부산광역시 창업강좌 책자, 2006

국민일보, "나는 창업하면 성공할 수 있는 사람일까?…적성검사 해보세요", 2005.12.13.

권영설, 이베이 창업 운영 가이드, e비즈북스, 2012년 11월 16일

경기지방중소기업청, 소상공인! 알아야 성공한다, 2003

김갑, 한상설, "산업구조, 벤처전략, 기업가 특성이 벤처성과에 미치는 영향", 벤처경영연구, 제2권 제1호, 1999, pp. 51-75

김병성, 박대윤, 조주연, 인터넷창업, 절대로 하지 마라, 정보문화사, 2006

김성수, "사업계획은 고객과의 약속이다", 창업&프랜차이즈, 2004.1

______, "경쟁우위 전략과 사업계획 수립실무", 창업&프랜차이즈, 2004.2

김영문, 창업학, 법문사, 2009

김영문, 창업길라잡이, 집현재, 2011

김영문, 카페(cafe)로 창업하기, 집현재, 2012
김영문, 인터넷창업하기, 집현재, 2013
김영환, "마케팅 달인으로 만들어주는 마케팅 게임", 창업&프랜차이즈, 2004.2
김종철, "창업자가 반드시 알아야 할 세무상식", 계명대학교 유망 창업아이템 설명회 및 성공창업교실 강좌교재, 2004
김진영, 유명철, 고정소, 권태형, 박승민, 창업지식과 경영정보, (사)한국창업경영컨설팅협회, 2003.
김철교, 곽선호, 강길원, 김성권, 창업론, 삼영사, 2005
김효정, "프랜차이즈 가맹점들의 본사에 대한 만족도", 2003, working paper
노기엽, "입지선정과 상권분석을 하기 전에 해야 할 것들", 창업&프랜차이즈, 2004.1
______, "입지선정에는 예행연습이 없다", 창업&프랜차이즈, 2004.2
______, "입지에도 명당이 있다", 창업&프랜차이즈, 2004.3
______, "명당 입지의 특징", 창업&프랜차이즈, 2004.4
노영란, "프랜차이즈 사업 시작하기", 창업&프랜차이즈, 2003.11
______, "이메일 마케팅을 활용한 홍보전략", 창업&프랜차이즈, 2003.11
뉴시스, "메이크샵, SNS 전용 '마이소호' 원스톱 패키지 출시", 2019.9.10.
뉴스토마토, "온라인 개학 첫날… '출석체크' 카카오톡 · 네이버 밴드 '서비스 원활'", 2020.4.9.
대구테크노파크, 테크노폴리스, 2003.12
동아일보, '책' 안 들고 다녀도 언제 어디서나 읽을 수 있어요, 2006.01.25
디자인정글 아카데미, academy.jungle.co.kr
디지털타임즈, "메이크샵, '마이소호' 솔루션 개편", 2017.6.1.

디지털타임스, “24시간 불밝히는 ‘고객감동’ 쇼핑몰,” 2011.5.31
디지털투데이, “오픈마켓부터 물류까지…이마트 vs 쿠팡 전면전 시작됐다”, 2021.6.25.
매경이코노미, “고객맞춤형 세일즈맨”, 2004.10.20
매일경제, “창업ABC/통행량과 유동인구 조사”, 2003.4.13
문화일보, “고객 마음부터 열어야 지갑도 열린다”, 2006.02.08
______, “이상헌의 돈버는 창업”, 2006.04.05
백경래, “신생모험기업의 전략유형 및 성과결정요인에 대한 연구”, 한국과학기술원 석사학위논문, 1996
박경환, “실전 입지선정 Q&A”, 창업&프랜차이즈, 2003.11
______, 장사는 목이고 목은 돈이다, 상상예찬, 2006
박규성, “당신만의 경영전략은 무엇인가?”, 창업&프랜차이즈, 2004.6
박두진, “창업자를 위한 세무회계 실무교육”, 특강자료, 2006
박미란, “해외기업의 사례를 통한 경쟁정보”, 경영과 컴퓨터, 2005.8
박영만, “웹사이트 홍보”, 창업&프랜차이즈, 134-135, 2003.10
______, “방송을 타게 만들어라”, 창업&프랜차이즈, 2003.8
박영배, 윤창석, “벤처기업 경영성과의 영향요인에 관한 탐색적 연구”, 벤처경영연구, 제4권 제1호, 2001, pp. 3-33
박이동, “좋은 가맹본부 가려내는 안목”, 창업&프랜차이즈, 2003.9
박주관, 창업컨설팅, 체인사업 당신도 성공할 수 있다, 더난출판, 2000
베타공간, “마크 저커버그는 왜 페이스북을 만들었나”, blog.naver.com/edelsoft
부산일보, “인터넷 쇼핑몰 ‘10조 시대’”, 2005.12.20
부산광역시, 2004 부산광역시 소자본 창업강좌, 2004
브라이언 트레이시, 판매의 원리 1, 2, 씨앗을 뿌리는 사람, 2004

블로터, "페이스북, SNS 쇼핑 사업 확장한다", 2021.06.23.

서울경제신문, "소형 돌출간판 신고제로 전환", 2006.03.14

______, "외식 창업 성공 5대 트렌드", 2005.04.05

선린대학 창업보육센터, 성공지수를 높이는 창업스쿨, 2004

성해용, "폐업신고를 반드시 해 두자", 창업&프랜차이즈, 2004.2

식품외식경제, '가맹사업 진흥법' 만든다, 2006.7.19

신재정, 경영학원론, 법경사, 1998

스포츠조선, "2005년 인터넷쇼핑몰 '오픈마켓' 급성장", 2005.12.26

안경주, "맨손창업과 지적재산권 전략", 세무회계와 지적재산권 세미나 자료집, (사)한국소호진흥협회, 2006.7.20

안준모, 김종인, "한국정보통신 벤처기업의 성공요인에 관한 연구: 창업자의 경험, 지식요인을 중심으로", 벤처경영연구, 제2권 제1호, 1999, 31-49

에너지경제, "실시간 경쟁 시대 맞은 '커머스'", 2021.1.13.

앱스토리, "페이스북, 인스타그램 제치고 국내 1위 SNS 된 '네이버 밴드'", 2020.9.21.

연합뉴스, "인터넷 사용 인구비율 64.4%", 2002.10.25

______, "내달부터 부가세 과세유형 사업규모 따라 변경", 2004.06.14

______, "대학 창업보육센터 창업기업도 공장등록 가능", 2005.07.22

염규석, "가맹금 반환은 절대불가?", 창업&프랜차이즈, 2003.10

오상열, 점포 인테리어: 시공계약 및 실시설계, blog.naver.com/js5645js

원승교, 나 혼자 꾸리는 인터넷 상점 처음부터 성공까지, 제우미디어, 2006

원종화, 이도화, "벤처기업 네트워킹 활동이 경영성과에 미치는 영향", 벤처기업연구, 제4권 제1호, 2001, 35-61

유영진, 임현철, 외식창업실무포인트, 한올출판사, 2003
유재은, 한국시장의 프랜차이즈 전략, 한국생산성 본부, 2000
육외수, 사업계획서 작성요령, 2004 부산광역시 소자본 창업강좌 책자, 2004
윤석철, 사업타당성 검토분석, 2004 부산광역시 소자본 창업강좌 책자, 2004
이강원, 상권분석과 좋은 점포입지 고르기, 2004 부산광역시 소자본 창업강좌 책자, 2004
이상윤, "매장조직관리", 창업&프랜차이즈, 2004.2
이장우, "성공 벤처기업의 특성", 벤처경영연구, 창간호, 1998, 101-127
______, 장수덕, "벤처기업 성공요인에 관한 이론적 고찰", 벤처경영연구, 제1권 제2호, 1998, 69-95
______, 장수덕, "벤처기업의 성장단계별 성공요인에 관한 탐색적 연구", 인사조직연구, 제9권 제2호, 2001, 79-92
이종철, "프랜차이즈 성과의 결정변수에 관한 연구", 숭실대학교 중소기업대학원 석사논문, 2003.6
이준혁, 외식업의 분류와 경영형태, blog.daum.net/fcgkorea
이진주, 윤정환, "신기술 개발촉진과 모험사업의 활성화를 위한 연구", 한국과학기술원, 과학기술처, 1987
이튜뉴스, "간편결제 통합서비스 페이몰(Paymall), 쇼핑몰 없이 상품 판매 가능한 '블로그 결제' 서비스 제공", 2019.5.26.
일리의 홈카페, "페이스북 친구 5천명, 사실 아무 것도 아니다", 2016.3.1.
전병영, 상권분석 및 입지선정, 뉴트랜드 성공창업 강좌 교재, 2003
정성교, "나에게 알맞은 비즈니스 옵션을 선택하자!", 창업&프랜차이즈, 2004.6

정성한, 김해룡, "소상공인 창업성공요인에 대한 탐색적 연구", 벤처경영연구, 제4권 제2호, 2001, 3-29

조미재, "브랜드 네이밍 기법", 창업&프랜차이즈, 2003.11

______, "고객을 끌어들이는 상호 네이밍", 창업&프랜차이즈, 2004.3

조혁근, "상표출원이 중요한 까닭", 창업&프랜차이즈, 2004.2

조형래, "창업인의 특성, 제품혁신성과 벤처기업 성과간의 상황적 관계", 한국과학기술원 박사학위논문, 1995

주간조선, "인터넷 쇼핑 시장 10년 만에 10조원 넘어", 2006.06.13

중소기업청, 창업절차, 1999.10

______, 소점포경영론, 2002.4

______, 홈 비즈니스 창업과 경영 매뉴얼, 2003

창업&프랜차이즈, "예비창업자들이 가장 알고 싶어하는 6가지", 96-97, 2003.10

______, "점포선정 체크포인트", 2004.4

창업전략연구소, "점포창업 실패사례 요인분석", 창업&프랜차이즈, 2003.8

최재희, 소자본 창업, 어떻게 할까요?, 중앙경제평론사, 2003

쿠키뉴스, 소규모 돌출간판 광고 허가제→신고제, 2006.3.14

프랜차이즈연구모임, www.seri.org/forum/franchise, 2001

한국경제, "네이버밴드 vs 카카오톡 '온라인 개학' 정조준", 2020.4.16.

한국경제TV, "2009년 초고속가입자 1671만명", 2006.01.25

한국일보, "국내 프랜차이즈 '해외로… 해외로…'", 2006.01.16

한연희, "울리고 웃기는 다양한 얼굴의 권리금", 창업&프랜차이즈, 2003.8

______, "매물, 점포개발의 시작과 끝", 창업&프랜차이즈, 2003.9

______, "점포계약에서 오픈까지", 창업&프랜차이즈, 2003.10, 110-111
______, "점포매출의 허와 실", 창업&프랜차이즈, 2003.11
홍성근, 김동희, "대박터진 쇼핑몰 노하우 훔쳐보기", 렉스미디어, 2003
허시명, 두 배로 벌면 열 배는 즐겁다, 오늘의책, 2002
헤럴드경제, "특허청 기술금융지원 사업", 2006.05.24
Baumback, C. M., *How to Organize and Operate a Small Business*, 7th ed., Prentice Hall, 1985
Boyd, D. & Ellison, N., "Social Network Sites: Definition, History, and Scholarship", *Journal of Computer-Mediated Communication*, 13, 2008
100.naver.com(네이버 백과사전)
cafe.naver.com/amazonsellers
cafe.naver.com/bizdocs(경영, 기업, 벤처)
dvic.dgu.ac.kr(동국대학교 창업보육센터)
www.napoleon21.com(나폴레옹)
krdic.naver.com(네이버 국어사전)
terms.naver.com(네이버 용어사전)
kin.naver.com(네이버 지식검색)
www.lawnb.com(로앤비)
www.bizforms.co.kr(비즈폼)
ko.wikipedia.org/wiki(위키백과)
kr.dic.yahoo.com(야후 백과사전)
search.empas.com(엠파스 지식검색)
www.yesform.com(예스폼)
www.yunhap.netblog.daum.net/tosama(한국소자본창업컨설팅협회)

blog.naver.com/666dbsrl

blog.naver.com/bea1116

blog.naver.com/dml21wjd(HTML 명령어)

blog.naver.com/ellie01

blog.naver.com/idahoya

blog.naver.com/inetchun

blog.naver.com/jaju09

blog.naver.com/kawaiijy

blog.naver.com/kyh1335

blog.naver.com/reom777

blog.naver.com/yuph

cafe.naver.com/jing5

cafe.naver.com/makehope

cafe.naver.com/meden

cafe.naver.com/painthouse

kin.naver.com/knowhow

terms.naver.com

www.adic.co.kr

www.macademy.co.kr

www.maketkorea.com

www.msn.co.kr/career/license

www.reportworld.co.kr

초보창업자를 위한

창업이론 및 실무 100가지

초판인쇄 | 2022년 5월 6일
초판발행 | 2022년 5월 12일

저 자 | 김 영 문

발 행 인 | 위 호 준
발 행 처 | 도서출판 **집현재**
04091 서울특별시 마포구 토정로 222
한국출판콘텐츠센터 417호
전화 (02)332-4922 Fax (02)3142-4922
홈페이지: www.jhjbook.co.kr
e-mail: jyp4922@naver.com

출판등록 | 2010년 10월 25일
등록번호 | 제105-91-57581호

정가 17,000원 ISBN 979-11-92436-00-5